La France à l'épreuve

Ascension De L'Extrême Droite Et Menace De Division

GEW Sciences sociales

La voix de la Méditerranée

Copyright © 2024 par GEW Sciences sociales

HICHEM KAROUI : Directeur de recherche et éditeur

La voix de la Mediterranée/Global East-West

Tous droits réservés.

Aucune partie de ce livre ne peut être reproduite sous quelque forme que ce soit sans l'autorisation écrite de l'éditeur ou de l'auteur, sauf dans les cas autorisés par la loi sur le droit d'auteur.

Contents

1. Une défaite écrasante de la majorité présidentielle   1
2. Le Rassemblement National : Chronique d'une ascension   15
3. Les élections européennes: un tremblement de terre politique   27
4. Immigration et insécurité: les peurs exacerbées   41
5. Emmanuel Macron et la réponse gouvernementale   53
6. Réformes et réactions: comprendre le mécontentement   69
7. Dissolution et espoirs d'un renouveau démocratique   81
8. Mobilisation des forces: le rôle de la gauche et des syndicats   93
9. La société française face au spectre de la fragmentation   105

10.	Scénarios futurs: prévenir la fracture nationale	117
11.	La France en miroir: comparaisons internationales	129
12.	Voix de la diaspora: résonances d'un conflit interne	141
13.	Culture et identité en débat: qui sommes-nous ?	153
14.	Jeunesse française: entre espoir et désillusion	165
15.	Stratégies politiques et pouvoirs médiatiques	177
16.	Économie en crise: le poids sur la politique	191
17.	Leadership et défis futurs pour le RN	202
18.	Vers une France unie: cheminements possibles	217

Une défaite écrasante de la majorité présidentielle

L'analyse minutieuse des résultats électoraux récents révèle un panorama politique en constante mutation, où le paysage traditionnel est bouleversé par l'émergence de nouvelles forces et la reconfiguration des dynamiques électorales. Examiner comment le changement d'époque marque la politique française contemporaine nécessite une appréhension holistique des évolutions sociétales, économiques et culturelles qui s'entremêlent pour forger les tendances politiques actuelles. Au cœur de ce chapitre, l'exploration des nombreuses nuances et subtilités des scrutins récents offre un regard aiguisé sur les aspirations, les craintes et les aspirations des citoyens français. Les implications de ces élections dépassent largement les simples résultats chiffrés ; elles témoignent des faiblesses et des atouts d'une société en pleine métamorphose. En scrutant avec acuité les manières dont les différents courants politiques ont réussi à captiver l'électorat et à s'imposer sur la scène nationale, nous sommes en mesure de décrypter les signaux de cette ère nouvelle qui s'annonce. Ces enjeux électoraux récents sont profondément ancrés dans une réalité complexe où se mêlent les bouleversements technologiques, les défis économiques, les revendications sociales, et les préoccupations environnementales. Ainsi, au-delà de la simple radiographie des résultats, cette analyse invite à explorer les profondeurs et les nuances des mouvements politiques récents, offrant un véritable voyage au cœur d'une transformation sociétale d'envergure. L'examen des dessous des derniers scrutins constitue une opportunité unique de saisir l'essence même de cette nouvelle ère politique qui façonne le visage de la France contemporaine.

Analyse des résultats électoraux récents

Les résultats des élections européennes de 2024 en France ont effectivement révélé des tendances politiques significatives et provoqué un séisme politique majeur. Voici les principaux éléments à retenir :

1. Victoire écrasante du Rassemblement national (RN) :

Le parti d'extrême droite mené par Jordan Bardella a remporté une victoire historique avec environ 31,5% à 32% des voix. Ce score sans précédent pour le RN aux élections européennes confirme sa position dominante dans le paysage politique français.

2. Défaite cinglante pour le parti présidentiel :

La liste Renaissance soutenue par Emmanuel Macron n'a obtenu qu'environ 14,7% à 14,9% des suffrages, arrivant en deuxième position mais très loin derrière le RN. Ce résultat représente un revers important pour le président et sa majorité.

3. Percée de la gauche socialiste :

La liste PS-Place publique menée par Raphaël Glucksmann a réalisé une performance remarquable avec environ 13,8% à 14% des voix, talonnant de près le parti présidentiel et s'imposant comme la première force de gauche.

4. Reconfiguration à gauche:

La France Insoumise (LFI) arrive en quatrième position avec environ 9,3% à 9,9% des suffrages, perdant son statut de première force de gauche au profit du PS. Les écologistes (EELV) obtiennent un score décevant d'environ 5,5%, tout juste au-dessus du seuil d'éligibilité.

5. Dissolution de l'Assemblée nationale :

En réaction à ces résultats, le président Emmanuel Macron a pris la décision spectaculaire de dissoudre l'Assemblée nationale. De nouvelles élections législatives sont prévues pour les 30 juin et 7 juillet 2024, rebattant complètement les cartes politiques à quelques semaines des Jeux Olympiques de Paris.

6. Recomposition politique en vue :

Cette décision ouvre la voie à une potentielle recomposition des alliances politiques, notamment à gauche où les appels à l'union se multiplient. Le RN, fort de son succès, se dit "prêt à gouverner" si les Français lui accordent leur confiance lors des législatives à venir.

7. Participation en hausse :

La participation a atteint 52,5%, en augmentation par rapport au scrutin européen de 2019, témoignant d'un regain d'intérêt des Français pour les enjeux européens.

Ces résultats et la dissolution qui s'en est suivie marquent un tournant majeur dans la vie politique française. Ils soulignent la montée en puissance de l'extrême droite, l'affaiblissement du camp présidentiel et une recomposition potentielle des forces de gauche. Les prochaines semaines s'annoncent cruciales pour l'avenir politique du pays, avec une campagne législative éclair qui pourrait redessiner profondément le paysage politique français.

En scrutant de près les données et en dégageant les implications profondes des scrutins, on découvre les nuances complexes qui façonnent le paysage politique actuel de la France. Les analystes politiques constatent une vague de mécontentement exprimée par le biais des bulletins de vote, traduisant un désir de changement radical au sein de la population. Cette expression démocratique a révélé une fragmentation significative au sein de l'électorat, illustrant un tissu social en quête de réponses et de solutions à ses préoccupations croissantes.

L'examen minutieux des résultats électoraux met en lumière l'émergence de nouveaux acteurs politiques, défiant ainsi la structure traditionnelle du paysage partisan. Cette évolution tumultueuse signale un rejet palpable des statu quo, propulsant des mouvements et des partis jusqu'ici marginaux au premier plan de la scène politique nationale. Ces mutations considérables incitent à une remise en question profonde des dynamiques politiques traditionnelles, engendrant un climat d'incertitude et de réflexion intense au sein des cercles académiques et politiques.

Au-delà des simples chiffres, l'analyse des résultats électoraux récents révèle également les fissures béantes au sein des coalitions établies, soulignant les tensions internes et les dissensions idéologiques profondes. Les électeurs ont exprimé leurs demandes urgentes d'une vision politique renouvelée, propageant des ondes de choc à travers les bastions politiques établis. Ce réalignement fondamental des préférences électorales indique un changement fondamental dans la façon dont le pouvoir politique est perçu et recherché, ouvrant la voie à des possibilités insoupçonnées quant à la manière dont le pays sera gouverné dans les années à venir.

Enfin, la consultation approfondie des résultats électoraux récents expose les dynamiques géographiques inattendues qui ont façonné le paysage politique. Les schémas régionaux complexes ont mis en lumière l'hétérogénéité des perspectives politiques au sein de la nation, révélant des divergences profondes entre les zones urbaines et rurales, les régions périphériques et centrales, ainsi que les clivages socio-économiques et culturels. Cette analyse fine permet de comprendre davantage les facteurs locaux influençant les choix électoraux, offrant ainsi un aperçu précieux des forces sous-jacentes qui animent les courants politiques actuels. En somme, l'analyse des résultats électoraux récents représente un pas crucial vers la compréhension approfondie des transformations en cours au sein de la société française, ouvrant la voie à une réflexion constructive sur l'avenir politique du pays.

Les catalyseurs du changement politique

La transformation du paysage politique français est le fruit de divers catalyseurs qui ont nourri un climat de bouleversements et d'évolutions rapides. Plusieurs facteurs clés ont convergé pour façonner cette nouvelle ère politique, reflétant non seulement les désirs et inquiétudes des citoyens, mais aussi l'impact des forces extérieures sur la scène nationale. Parmi ces catalyseurs, on peut observer l'érosion de la confiance traditionnelle envers les partis politiques établis, souvent perçus comme déconnectés des réalités quotidiennes des Français. Le sentiment croissant de méfiance envers les élites politiques a créé un environnement propice à l'émergence de mouvements contestataires et de nouveaux visages politiques. Parallèlement, la montée en puissance des enjeux sociétaux tels que l'immigration, la sécurité et l'environnement a profondément remodelé les axes de débat et les priorités politiques. Ces thématiques ont suscité des réactions passionnées de la part des électeurs, exacerbant les clivages et influençant l'équilibre des forces au sein de l'arène politique. En outre, l'avènement des plateformes numériques et des médias sociaux a joué un rôle central dans la diffusion rapide des idées, des discours politiques et des mobilisations citoyennes. L'influence croissante de ces canaux de communication a permis l'émergence de voix jusqu'alors marginalisées, amplifiant ainsi la diversité des perspectives et des revendications. Enfin, l'impact des événements géopolitiques internationaux a également été un catalyseur majeur du changement politique en France, stimulant des réflexions sur le positionnement du pays dans un contexte mondial en mutation. L'instabilité et les turbulences observées à l'échelle internationale ont résonné profondément sur la scène nationale, modelant les attitudes, les stratégies et les orientations politiques. Ainsi, ces catalyseurs, pris individuellement et dans leur interaction complexe, ont façonné les contours changeants de la sphère politique française, engendrant une ère caractérisée par une profonde reconfiguration des pouvoirs et des aspirations.

Impact des médias et de la communication numérique

La politique contemporaine est profondément influencée par les médias et la communication numérique. L'émergence des plateformes en ligne, des réseaux sociaux et des outils de communication rapide a largement transformé la manière dont l'information est diffusée, échangée et consommée. Ces changements ont non seulement affecté la façon dont les citoyens interagissent avec la sphère politique, mais ont également eu un impact significatif sur la formation des opinions et la mobilisation sociale.

Les médias traditionnels continuent de jouer un rôle crucial dans la propagation de l'actualité politique, mais ils doivent désormais composer avec une concurrence féroce de la part des médias alternatifs en ligne. Cette diversification des sources d'information offre aux citoyens un accès plus large à une variété de perspectives politiques, mais elle soulève également des défis liés à la véracité et à la fiabilité des contenus diffusés. Les discours politiques sont ainsi relayés à une vitesse inégalée et peuvent potentiellement être déformés, amplifiés ou décontextualisés, provoquant une polarisation des opinions et une diffusion massive de fausses informations.

Parallèlement, les réseaux sociaux ont créé de nouveaux espaces de mobilisation politique et de participation citoyenne. Les mouvements sociaux et les protestations s'organisent désormais en ligne, favorisant des formes de démocratie participative et offrant aux jeunes une plateforme pour exprimer leurs préoccupations et revendications. Cependant, cette virtualisation de l'engagement politique comporte également des risques, notamment en termes de manipulation, de filtrage idéologique et de manipulation de l'opinion publique.

En outre, la viralité des contenus et la personnalisation des messages politiques grâce aux algorithmes de recommandation posent des dilemmes éthiques et démocratiques. La capacité des acteurs politiques à cibler spécifiquement des segments de la population peut conduire à une fragmentation de la société, renforçant les clivages et les tensions existantes. Par conséquent, la régulation et la transparence des pratiques médiatiques et numériques sont devenues des enjeux cruciaux pour préserver l'intégrité du débat public et garantir une participation citoyenne informée.

Ainsi, l'impact des médias et de la communication numérique sur la nouvelle ère politique ne saurait être sous-estimé. Il suscite des questionnements essentiels quant à la nature de la démocratie, à la circulation de l'information et à la construction de l'opinion publique. Comprendre ces dynamiques est indispensable pour appréhender la complexité du paysage politique contemporain et pour envisager des modèles participatifs et inclusifs adaptés aux défis de notre temps.

Le rôle de la jeunesse dans le renouveau politique

La participation active de la jeunesse constitue un maillon essentiel dans tout processus de renouveau politique. En scrutant l'échiquier politique contemporain, il devient évident que les voix des jeunes, une fois cloîtrées, trouvent aujourd'hui une résonance nouvelle et palpable. Leur implication s'étend bien au-delà des réseaux sociaux et des slogans accrocheurs ; elle englobe une volonté profonde de remodeler l'ordre établi et de réclamer une place légitime au sein de la sphère politique. En effet, cette génération éclairée par l'accès aux informations et aux débats en ligne se forge une identité civique forte, nourrie par des préoccupations environnementales, sociales et économiques. Leur désir de changement dépasse le statu quo, témoignant ainsi d'une conscience citoyenne émergente qui défie les traditions politiques. Ces jeunes, porteurs d'idéaux proactifs et réformateurs, se présentent comme des acteurs incontournables dans la construction d'une démocratie dynamique et inclusive. Privilégiant l'action concrète et interpellant les discours conventionnels, ils ébranlent les fondements de l'ancienne garde politique et revendiquent leur droit à être entendus. Par le biais de mouvements militants, d'associations innovantes et d'engagements communautaires, la jeunesse façonne un nouveau paysage politique où la diversité des opinions trouve écho et impact. Sa capacité à mobiliser, à sensibiliser et à susciter un dialogue ouvert reflète une maturité collective qui s'affirme progressivement dans les arcanes décisionnels. Face aux enjeux du monde moderne, la jeunesse aspire à une gouvernance plus transparente, collaborative et englobante, rejetant ainsi les schémas traditionnels d'exclusion et de méfiance envers la politique. Sa vision holistique, teintée de pragmatisme et d'idéalisme, incarne une force motrice pour l'édification d'un avenir politique novateur, où les valeurs de solidarité, d'équité et de durabilité prennent leur juste place. Ainsi, en reconnaissant le rôle primordial de la jeunesse dans le renouveau politique, il apparaît impératif de favoriser ces dynamiques émancipatrices et innovantes, tout en leur offrant un espace légitime au sein du débat public et des instances décisionnelles.

Dynamiques régionales et leurs influences

Les dynamiques régionales de la France jouent un rôle crucial dans le paysage politique actuel, apportant des nuances et des défis uniques à l'aube de cette nouvelle ère. En observant de près ces dynamiques, il est essentiel de reconnaître la diversité culturelle, économique et sociale qui caractérise différentes régions du pays. Certaines régions ont traditionnellement affiché un fort attachement à certaines idéologies politiques, tandis que d'autres ont été des terrains de lutte pour divers mouvements et partis. Les particularités de chaque région influencent la composition du paysage politique national, créant des alliances, des tensions et des perspectives différentes. En outre, les questions régionales telles que l'emploi, l'accès aux services publics, la préservation de l'environnement et la valorisation des patrimoines locaux jouent un rôle central dans les débats politiques. L'émergence de nouvelles forces politiques régionales montre comment ces enjeux spécifiques peuvent façonner les priorités et les attentes des citoyens, souvent de manière distincte par rapport au contexte national. Il est également important de tenir compte des dynamiques de coopération et de conflit entre les régions, qui peuvent refléter des intérêts divergents et des aspirations politiques variées. Ces interactions régionales contribuent à révéler les complexités de la construction d'une vision politique unifiée pour toute la nation. De plus, les mouvements sociaux et les initiatives citoyennes qui émergent dans les régions révèlent une volonté de participation et d'expression démocratique ancrée dans des réalités locales. Comprendre ces dynamiques régionales et leurs influences permet d'appréhender de manière plus complète les enjeux et les tendances qui façonnent l'évolution du paysage politique français. La reconnaissance et la prise en compte de cette diversité régionale sont essentielles pour promouvoir une gouvernance inclusive et représentative, capable de répondre aux défis et aux aspirations de l'ensemble du territoire national.

Les défis de la représentativité et de la légitimité

L'avènement d'une nouvelle ère politique en France soulève des défis majeurs quant à la représentativité et à la légitimité des institutions. La diversité régionale constitue un enjeu central, car les aspirations et préoccupations des différentes régions peuvent différer de manière significative. Il est impératif pour les dirigeants politiques de reconnaître et de prendre en compte ces dynamiques régionales pour assurer une représentation juste et équilibrée de l'ensemble du pays. Cela implique également de repenser les mécanismes démocratiques pour garantir une participation démocratique réelle et significative de chaque région.

Par ailleurs, la légitimité des gouvernants et des décideurs politiques est mise à l'épreuve. L'insatisfaction croissante dans de nombreuses parties du pays met en lumière la nécessité d'établir un lien renouvelé entre les élites dirigeantes et la population. Les citoyens exigent une plus grande transparence, responsabilité et intégrité de la part de leurs représentants politiques. Le défi réside alors dans la restauration d'une confiance mutuelle entre le peuple et ses dirigeants, ainsi que dans la réaffirmation des valeurs fondamentales de la démocratie.

En outre, les réformes institutionnelles s'avèrent essentielles pour répondre à ces défis. Il peut être nécessaire d'envisager une révision du système électoral, afin de mieux refléter la diversité des opinions au sein de la société. De même, l'instauration de mécanismes de reddition de comptes plus robustes, ainsi que la promotion d'une culture politique axée sur la probité et l'éthique, sont des éléments cruciaux pour restaurer la légitimité des institutions nationales et locales. Enfin, la décentralisation du pouvoir et la reconnaissance accrue de l'autonomie locale peuvent offrir des réponses pertinentes aux attentes de représentativité et de légitimité dans un contexte de diversité régionale.

Face à ces défis nombreux et complexes, il apparaît clair que l'aube d'une nouvelle ère politique exige une réflexion profonde et systématique sur la manière de concilier les intérêts régionaux avec l'intégrité et la cohésion de la nation. La recherche de solutions durables passe inévitablement par une volonté politique forte de toutes les parties prenantes, combinée à un dialogue et à une coopération constructifs entre les citoyens, les acteurs politiques et les experts du domaine. Cette transition vers une représentativité renouvelée et une légitimité restaurée est un processus complexe mais indispensable pour forger l'avenir politique de la France avec vision et inclusivité.

Réactions internationales et perspectives globales

La montée du Rassemblement National en France a suscité des réactions internationales contrastées, reflétant les divergences d'opinions et d'intérêts à travers le monde. D'une part, certains pays et leaders ont exprimé des préoccupations quant aux positions nationalistes et protectionnistes portées par ce mouvement politique. Ils redoutent notamment un affaiblissement de la coopération européenne, une remise en cause des accords internationaux et une crispation des relations diplomatiques. D'autre part, certains acteurs politiques et analystes internationaux voient dans cette montée en puissance une opportunité de redéfinition de la dynamique européenne, soulignant la volonté affirmée du peuple français de reprendre en main son destin politique. Les implications géopolitiques de ces évolutions demeurent sujettes à débats et interrogations, alimentant divers scénarios et réflexions prospectives au sein des chancelleries et cercles diplomatiques mondiaux. L'écho médiatique concernant l'essor du Rassemblement National en France prend également des teintes variées selon les pays et réseaux d'influence. Certains médias internationaux mettent en lumière le phénomène populiste et identitaire porté par ce mouvement, y voyant une menace pour la stabilité de l'Union Européenne et pour la cohésion des sociétés démocratiques. À l'inverse, d'autres observateurs médiatiques envisagent cette évolution comme le reflet d'un questionnement plus profond sur la gouvernance contemporaine, les fractures sociales, et les aspirations citoyennes à une nouvelle offre politique. Ces divergences de point de vue au niveau international amplifient la complexité de l'analyse des impacts mondiaux du changement politique en France. La nécessité d'une approche globale et éclairée pour appréhender ces réactions internationales s'avère indispensable. En outre, la prise de recul et l'étude des dynamiques transnationales sont essentielles pour saisir les évolutions à venir, anticiper les collaborations et tensions futures, et contribuer à une compréhension plus holistique des enjeux politiques à l'échelle planétaire.

Prospective : Anticiper les mouvements futurs

Dans un paysage politique en pleine mutation, il est impératif d'anticiper les mouvements futurs afin de mieux comprendre et appréhender les enjeux à venir. L'examen des forces émergentes au niveau national et international révèle une dynamique complexe, influencée par des facteurs socio-économiques, culturels et environnementaux. Les tendances actuelles suggèrent une recrudescence des revendications citoyennes, alimentées par la quête de représentativité et d'équité. La montée en puissance de mouvements populaires, l'évolution des modes de gouvernance et l'accroissement des dialogues transnationaux sont autant d'éléments à considérer dans l'analyse prospective. En parallèle, l'impact croissant des technologies de l'information et de la communication façonne de nouvelles plateformes d'engagement et redéfinit les frontières politiques traditionnelles. Il est donc primordial d'étudier ces évolutions afin d'appréhender les possibles répercussions sur la scène politique française. En effet, l'émergence de nouveaux acteurs, la redéfinition des alliances et la remise en question des modèles établis sont autant d'éléments substantiels qui façonnent l'avenir politique du pays. La prise en compte des aspirations civiques, des tensions éthiques et des transitions démographiques met en lumière la nécessité d'une vision prospective intégrant une variété de scénarios possibles. Cela exige une analyse approfondie des dynamiques sociétales, des interactions globales et des mutations idéologiques. En définitive, anticiper les mouvements futurs requiert une approche holistique, inclusive et ancrée dans une compréhension multi-dimensionnelle des préoccupations contemporaines. Cette perspective prospective offre ainsi une opportunité de mieux saisir la direction potentielle des transformations politiques à venir et de contribuer à façonner un avenir plus résilient, équitable et durable pour la France.

Conclusion: Quelles implications pour la France ?

L'émergence de cette nouvelle ère politique soulève des questions fondamentales sur l'avenir de la France. Les implications sont vastes et variées, allant de l'équilibre entre les partis politiques à la politique étrangère en passant par les réformes économiques. Tout d'abord, cette transition suscite un besoin impérieux de concertation et de coopération entre les forces politiques divergentes. La nécessité d'un dialogue constructif et inclusif pour forger un consensus national s'avère essentielle afin d'éviter une polarisation excessive et de favoriser la stabilité institutionnelle. En outre, l'impact sur la diplomatie française et ses relations internationales est également crucial. Cette évolution politique doit être appréhendée dans son contexte global pour anticiper ses répercussions sur les alliances stratégiques et les négociations internationales. Par ailleurs, l'économie française se trouve au cœur de cette mutation, nécessitant des ajustements et des réformes adaptés pour répondre aux défis actuels. La compétitivité, l'emploi, et la fiscalité représentent des éléments clés à prendre en considération. Enfin, l'unité nationale et la préservation de l'identité française sont des enjeux majeurs qui découlent de cette nouvelle ère politique. Il devient primordial de rechercher un équilibre entre l'ouverture au changement et le respect des valeurs culturelles et sociales traditionnelles. En somme, les implications pour la France ressortent comme étant multiples et exigeantes. Elles engagent non seulement les acteurs politiques, mais également l'ensemble de la société dans un processus de réflexion et d'action pour forger un avenir commun prometteur.

LE RASSEMBLEMENT NATIONAL : CHRONIQUE D'UNE ASCENSION

Genèse du mouvement: des origines à la fondation

L'AVÈNEMENT DU RASSEMBLEMENT NATIONAL trouve ses racines dans le terreau complexe de l'après-guerre et de la décolonisation. Les influences historiques qui ont façonné ce mouvement remontent à une époque marquée par des tensions politiques et sociales profondes. La trace initiale se dessine avec la création du mouvement d'extrême droite par Jean-Marie Le Pen, figure emblématique de la politique française. L'héritage de l'Algérie française et les séquelles de la guerre d'indépendance ont teinté les prémices de cet engagement politique, cristallisant un courant nationaliste et anti-immigration.

Les années formatives du parti ont vu émerger une vision alternative de la France, nourrie par des discours identitaires cherchant à préserver une certaine conception de la nation et de son histoire. Cette quête identitaire s'est reflétée dans les débats enflammés au sein du mouvement, donnant naissance à des idées et des stratégies politiques qui ont lentement façonné le paysage idéologique français.

Au fil du temps, la transition de pouvoir de Jean-Marie Le Pen à sa fille, Marine Le Pen, a marqué un tournant majeur dans l'évolution du parti. Cette passation de flambeau a représenté non seulement une restructuration interne, mais également une redéfinition de l'image publique et des priorités politiques. Sous la direction de Marine Le Pen, le Rassemblement National a entrepris une démarche de rebranding visant à élargir son audience et à modifier sa perception dans le paysage politique français.

Ainsi, l'horizon politique du Rassemblement National trouve ses origines dans un contexte complexe, façonné par des influences historiques, sociales et idéologiques. Ces éléments ont contribué à la fondation et à l'évolution de ce mouvement qui continue de marquer le paysage politique français de son empreinte.

Jean-Marie Le Pen à Marine Le Pen: une transition de pouvoir

Depuis sa création par Jean-Marie Le Pen en 1972, le Front National - désormais le Rassemblement National - a connu une évolution significative sous la direction de sa fille, Marine Le Pen. La trajectoire qui a mené au transfert de pouvoir entre le père fondateur et la nouvelle génération a été marquée par des tensions, des réorientations idéologiques et des stratégies politiques audacieuses. La personnalité charismatique de Jean-Marie Le Pen a longtemps incarné l'identité du parti, enracinée dans un nationalisme radical et une rhétorique anti-immigration. Cependant, son style controversé et ses déclarations chocs ont fermé de nombreuses portes au Front National sur la scène politique française. C'est dans ce contexte que Marine Le Pen, reprenant les reines du parti en 2011, a initié un processus de rénovation et de consolidation pour élargir l'attrait du mouvement. La transition de pouvoir entre le père et la fille a symbolisé un tournant significatif pour le parti, mettant en lumière la volonté de s'éloigner de l'image traditionnelle associée à Jean-Marie Le Pen pour réaffirmer une présence politique plus respectée et électorale viable. Par conséquent, cette mutation a engendré des débats internes et des scissions au sein du mouvement, reflétant les conflits idéologiques entre l'ancienne garde et les nouveaux courants. Malgré ces tensions, Marine Le Pen a su affirmer son autorité et sa vision pour moderniser et professionnaliser la structure du parti, tout en capitalisant sur l'héritage historique de son père. Sa prise de contrôle a également constitué une réponse stratégique face aux obstacles médiatiques et politiques rencontrés par le FN, cherchant à rassurer un électorat potentiellement réticent. Cette transition de pouvoir a évolué en un processus dynamique de renouvellement, tandis que le passage de relais entre Le Pen père et fille a représenté un chapitre déterminant dans l'histoire du Rassemblement National. Ainsi, cet épisode crucial a non seulement redéfini la direction politique du parti, mais a également eu un impact majeur sur le paysage politique français dans son ensemble.

Réinvention et rebranding: de l'FN au RN

Le Rassemblement National a traversé une phase importante de réinvention et de rebranding, symbolisée par le changement de dénomination du Front National (FN) au Rassemblement National (RN). Cette transition a été stratégique et hautement symbolique, marquant une volonté de renouveau et un désir de se libérer des connotations négatives associées à l'ancienne appellation. Le parti a cherché à se distancer des stigmates du passé, tout en affirmant sa continuité idéologique et son ancrage dans les valeurs traditionnelles qu'il prône. Le passage de l'acronyme FN au RN a été élaboré dans le dessein de présenter une image plus inclusive, moderne et compatible avec les aspirations d'une France en mutation. Ce changement s'est accompagné d'un processus de professionnalisation et de modernisation à tous les niveaux, de la communication politique à la structuration interne du parti.

L'électorat du Rassemblement National: profil et dynamiques

L'électorat du Rassemblement National constitue un sujet complexe au sein du paysage politique français. Souvent considéré comme hétérogène, cet électorat présente des caractéristiques et des motivations variées qui méritent une analyse approfondie. Les partisans du RN représentent diverses tranches démographiques et ont des préoccupations distinctes. Les études montrent que l'électorat du RN est composé à la fois de travailleurs précaires se sentant délaissés par les politiques traditionnelles, mais aussi de personnes issues des classes moyennes, inquiètes quant à la sécurité et à l'immigration. Cette diversité d'origine socio-économique met en lumière la complexité des facteurs qui influencent le vote en faveur du Rassemblement National. Pour certains électeurs, le sentiment d'abandon économique et social par les partis établis a été un moteur puissant pour adhérer aux idées défendues par Marine Le Pen et son parti. À cela s'ajoute un profond malaise face à la mondialisation et à la perte de repères identitaires, renforçant ainsi leur attachement à un discours souverainiste. Parallèlement, certaines études mettent également en avant des éléments de xénophobie et de rejet de l'autre dans une frange de l'électorat RN. Cette réalité souligne les nuances et les contradictions au sein de ce vote protestataire, remettant en question les simplifications souvent faites par les commentateurs politiques. Il est crucial de comprendre que derrière l'expression collective du soutien au RN se cachent des individus porteurs d'une pluralité de parcours, d'aspirations et de craintes. L'analyse de ces dynamiques électorales s'avère donc essentielle pour appréhender la singularité de cet électorat, sa polarisation et ses possibles évolutions. En somme, appréhender l'électorat du Rassemblement National nécessite une approche nuancée et attentive aux multiples facteurs qui sous-tendent cette dynamique politique complexe et en perpétuelle évolution.

Les campagnes marquantes : chronologie des succès

Depuis son ascension sur la scène politique française, le Rassemblement National a été le fer de lance de nombreuses campagnes électorales qui ont profondément marqué l'opinion publique et redéfini le paysage politique. A travers les années, le parti a mené des campagnes emblématiques qui ont consolidé sa présence et influencé le débat national. De ses premiers pas sur la scène électorale aux victoires historiques, chaque campagne a été le reflet des stratégies mises en place par le RN pour mobiliser son électorat et déstabiliser ses adversaires. La campagne présidentielle de 2002, où Jean-Marie Le Pen atteignit le second tour, a marqué un tournant majeur dans l'histoire du parti, propulsant le mouvement au cœur des enjeux politiques de la nation. Cette percée a fait écho à une série de campagnes législatives et européennes qui ont renforcé la position du Rassemblement National et accru son influence au sein des institutions. Les élections régionales de 2015 ont également marqué un point culminant dans l'ascension du parti, posant les bases d'une nouvelle dynamique politique. Chaque scrutin a représenté une étape cruciale dans l'édification d'une force politique incontournable, balayant les préjugés et s'imposant comme un acteur majeur du paysage français. Les campagnes du RN ont souvent suscité des débats passionnés, illustrant la capacité du parti à captiver et à mobiliser autour de thématiques percutantes. En retracer la chronologie de ces succès électoraux, il est indéniable que le Rassemblement National a su inscrire son empreinte dans l'histoire politique contemporaine, illustrant par ses campagnes marquantes sa capacité à fédérer un électorat mais aussi à bousculer les lignes du débat public.

Politique et idéologie : les principes directeurs du parti

Le Rassemblement National, fer de lance de l'extrême droite française, a ancré son essor dans une rhétorique politique caractérisée par un nationalisme identitaire et une ligne anti-immigration. Au cœur de son discours se trouve la défense des valeurs traditionnelles françaises, la souveraineté nationale et la lutte contre l'islamisme radical. Les principes directeurs du parti s'articulent autour d'une vision protectionniste de l'économie, prônant la préférence nationale pour l'emploi et les prestations sociales. En outre, le RN promeut une politique de justice sociale axée sur la sécurité et la préservation de l'identité française. Sa ligne dure en matière d'immigration vise à restreindre l'entrée au territoire français et à renforcer les contrôles aux frontières.

Cependant, cette idéologie n'est pas sans susciter des débats et des critiques. Les adversaires politiques et les mouvements de gauche considèrent le RN comme un parti xénophobe, discriminatoire et porteur de discours stigmatisants. La diabolisation de l'Autre et la remise en cause des droits fondamentaux sont régulièrement pointées du doigt. De plus, les alliances de ce parti avec des formations politiques européennes controversées telles que le Vlaams Belang en Belgique ou l'Aube Dorée en Grèce alimentent les controverses. Certains observateurs voient dans ces collaborations un signe inquiétant de dérive vers l'extrémisme.

Au-delà de ces débats houleux, le RN cherche à se positionner comme le parti de l'opposition à l'establishment, critiquant fermement l'Union européenne et prônant une sortie de l'euro. Par sa capacité à capter les mécontentements populaires et à formuler des propositions radicales, le parti parvient à puissamment cristalliser un électorat en quête de changements profonds. Ainsi, la spécificité de son projet politique réside dans sa tentative de concilier nationalisme identitaire, protectionnisme économique et rejet de l'immigration, constituant ainsi un tableau complexe de la vision politique du Rassemblement National.

Controverses et critiques: regards opposés

Le Rassemblement National, en tant que partie intégrante du paysage politique français, n'a cessé de susciter des débats passionnés et des réactions divergentes. D'une part, ses partisans soulignent la fermeté de son discours sur les questions d'immigration, d'identité nationale et de souveraineté, le présentant comme un défenseur intransigeant des intérêts de la France. D'autre part, de nombreux détracteurs critiquent ouvertement ces positions, les qualifiant d'extrêmes, voire de radicales, et soulignant le risque de division qu'elles représentent pour la société française.

Les controverses entourant le Rassemblement National sont nombreuses et touchent à des aspects aussi variés que l'économie, l'Europe, la laïcité, le multiculturalisme et bien d'autres. Les thèmes abordés par le parti alimentent des débats passionnés au sein de la sphère politique mais aussi au sein de la société civile. La critique principale adressée au RN est souvent celle de propager des idées xénophobes et discriminatoires, ce qui lui vaut une image controversée au niveau national et international.

Cependant, les partisans du RN rejettent catégoriquement cette étiquette et insistent sur leur volonté de protéger l'identité culturelle française, de restaurer la sécurité publique et de préserver la souveraineté nationale. Ils perçoivent les critiques vis-à-vis du parti comme le résultat d'un déni de réalité et le refus d'affronter les problèmes actuels auxquels la France est confrontée. Pour eux, le RN incarne le seul espoir face au déclin supposé des valeurs traditionnelles françaises et à l'influence grandissante des institutions européennes.

Ainsi, on constate un clivage profond entre les partisans et les détracteurs du Rassemblement National, chacun campant sur ses positions, alimentant une polarisation croissante de l'opinion publique. Ces débats, souvent houleux, reflètent les tensions et les inquiétudes qui traversent la société française, mettant en lumière les fractures idéologiques profondes qui marquent le paysage politique contemporain.

Le rôle des médias dans l'ascension du RN

Les médias jouent un rôle crucial dans la montée en puissance du Rassemblement National (RN), anciennement Front National (FN). Depuis sa genèse, le parti a su attirer l'attention des médias, notamment en raison de ses positions controversées et de son discours tranchant sur des questions sensibles telles que l'immigration, la sécurité et l'identité nationale. Le FN a souvent été au cœur des débats médiatiques, capturant l'intérêt du public et suscitant une couverture étendue. Cette exposition constante a contribué à renforcer sa visibilité et à diffuser son message politique auprès d'un large public. Cependant, cette attention médiatique n'a pas toujours été favorable. Le parti a également été confronté à une forte opposition et à des critiques virulentes de la part de certains médias traditionnels, qui ont dénoncé ses positions jugées extrêmes et ses liens controversés avec des figures politiques et idéologiques contestées. Malgré ces obstacles, le FN a su tirer parti de cette attention de manière habile, utilisant les médias comme une plateforme pour promouvoir ses idées et défendre sa cause. L'avènement des réseaux sociaux a également fortement influencé la stratégie de communication du parti, lui offrant un espace supplémentaire pour diffuser son discours et mobiliser ses partisans. Ainsi, le FN a su exploiter les nouveaux canaux médiatiques pour contourner les critiques traditionnelles et élargir son influence. Parallèlement, la relation entre le RN et les médias traditionnels a continué d'évoluer, marquée par une dynamique complexe où les intérêts divergents des deux parties ont alimenté un climat de confrontation mais aussi de coopération tactique. Au fil du temps, le parti a cultivé des relations privilégiées avec certains médias, tout en maintenant une posture critique envers d'autres, stratégiquement positionnées comme adversaires. Dans l'ère de l'information instantanée et de la polarisation médiatique, le rôle des médias dans l'ascension du RN reste un sujet d'étude fascinant, mettant en lumière les jeux de pouvoir, les influences et les tensions qui sous-tendent cette relation complexe et en constante évolution.

Alliances et antagonismes: le jeu politique

Le paysage politique français a toujours été caractérisé par un jeu complexe d'alliances et d'antagonismes entre les différents partis. Le Rassemblement National (RN) n'a pas échappé à cette dynamique, cherchant à tisser des liens stratégiques tout en affrontant une forte opposition. Au fil des années, le parti a dû naviguer habilement à travers ces alliances changeantes et ces antagonismes persistants pour consolider sa position et faire avancer son programme politique. Les alliances politiques sont souvent motivées par des intérêts communs et la recherche de soutien électoral. Le RN a cherché à former des alliances avec d'autres partis partageant des points de vue similaires sur des questions clés telles que l'immigration, la sécurité ou la souveraineté nationale. Ces alliances ont parfois été fructueuses, apportant au RN un appui supplémentaire, mais elles ont aussi suscité des controverses et des tensions au sein de l'électorat et du paysage politique. En même temps, le parti a dû faire face à des antagonismes virulents, notamment de la part de formations politiques traditionnelles et de certaines franges de la société. Ces oppositions ont souvent mis en lumière les divergences profondes qui divisent le paysage politique français. Elles ont également stimulé des débats houleux et parfois polarisants, mettant en évidence les enjeux majeurs qui sous-tendent le fonctionnement démocratique de la France. La nature changeante des alliances et des antagonismes dans le jeu politique français continue d'influencer la trajectoire future du RN. Le parti doit naviguer avec prudence pour protéger ses intérêts tout en répondant aux attentes de ses électeurs. Ce contexte complexe soulève des défis de taille pour le parti, mais offre également des opportunités de consolidation et d'expansion. Comprendre et gérer habilement ces dynamiques sera crucial pour l'avenir du RN et aura un impact significatif sur la scène politique française dans les années à venir.

Perspectives futures: enjeux et défis

L'avenir du Rassemblement National est tracé de défis ardus et d'enjeux cruciaux. En premier lieu, le parti doit consolider sa position au sein du paysage politique français tout en cherchant à élargir sa base d'électeurs. Ceci requiert une stratégie habile pour s'implanter dans des régions où son influence demeure limitée, tout en consolidant son emprise dans les bastions traditionnels. Parallèlement, le RN doit faire face aux oppositions ferventes des partis concurrents et des mouvements citoyens qui perçoivent sa montée en puissance avec inquiétude. Mener cette bataille demande non seulement une capacité à résister aux attaques frontales mais aussi à convaincre par la pertinence des idées portées.

Un autre défi majeur réside dans la gestion des enjeux nationaux et internationaux. Le contexte géopolitique actuel met en lumière des questions telles que l'intégration européenne, les politiques migratoires et les relations internationales. La capacité du Rassemblement National à proposer des solutions cohérentes à ces problématiques sera déterminante pour asseoir sa crédibilité auprès d'un électorat exigeant. De même, la question économique occupe une place centrale. Face à une conjoncture incertaine, le parti devra présenter des réponses efficaces pour répondre aux préoccupations des Français en matière d'emploi, de pouvoir d'achat et de redressement économique. Enfin, l'enjeu crucial de la gouvernance et de la moralisation de la vie publique impose au Rassemblement National une exemplarité sans faille, tant sur le plan personnel que collectif.

Ces défis multiples nécessiteront indubitablement une organisation solide et une stratégie politique claire. Les choix et orientations prises par le Rassemblement National auront des répercussions notoires sur le paysage politique français et sur l'équilibre des forces au niveau européen. Ainsi, l'avenir du parti ne pourra se concevoir qu'à travers une vision prospective, capable de conjuguer innovation politique et ancrage dans les valeurs fondamentales, tout en faisant preuve de pragmatisme dans un monde complexe et évolutif.

Les élections européennes : un tremblement de terre politique

Contextualisation des enjeux

Plusieurs facteurs clés ont contribué à la victoire historique du Rassemblement National (RN) lors des élections européennes de 2024 en France :

1. Une mobilisation efficace de son électorat : Le RN a réussi à mobiliser sa base électorale de manière très efficace, avec environ 67% des électeurs de Marine Le Pen en 2022 qui ont à nouveau voté pour le parti. Cette forte fidélisation de son électorat a été cruciale.

2. Une percée dans de nouvelles catégories socio-professionnelles : Contrairement aux idées reçues, le vote RN s'est étendu à toutes les couches de la société. Le parti est arrivé en tête ou ex-aequo dans toutes les catégories socio-professionnelles, y compris chez les cadres (18%) et les diplômés de l'enseignement supérieur (17%).

3. L'abstention différentielle : Bien que la participation globale ait légèrement augmenté (52,5%), l'abstention est restée élevée, notamment chez les jeunes et les catégories populaires. Cela a favorisé le RN, dont l'électorat s'est davantage mobilisé.

4. Les thèmes de campagne : Le RN a su capitaliser sur les préoccupations principales des électeurs, notamment le pouvoir d'achat et l'immigration, qui étaient parmi les sujets les plus importants pour les votants.

5. La fragmentation du paysage politique : La division des autres forces politiques, notamment à gauche et au centre, a profité au RN qui a pu s'imposer comme la principale alternative.

6. L'élargissement de sa base électorale : Le RN a réussi à attirer de nouveaux électeurs, notamment des abstentionnistes et des électeurs d'autres partis déçus.

7. Le contexte international : Les tensions géopolitiques et les crises internationales ont pu renforcer le discours souverainiste du RN.

8. La stratégie de "dédiabolisation" : Le travail de longue haleine mené par Marine Le Pen et Jordan Bardella pour normaliser l'image du parti a porté ses fruits, rendant le vote RN plus acceptable pour une partie de l'électorat.

9. La faiblesse des autres partis : La contre-performance du parti présidentiel et les difficultés des autres formations politiques à proposer un projet européen convaincant ont laissé le champ libre au RN.

10. L'effet Jordan Bardella : La jeunesse et le dynamisme du candidat tête de liste ont contribué à moderniser l'image du parti et à attirer de nouveaux électeurs.

Cette victoire du RN, avec 31,5% des voix, marque un tournant majeur dans la politique française et européenne, reflétant une tendance de fond qui dépasse le simple cadre des élections européennes. Elle pose de nombreux défis pour l'avenir politique de la France et de l'Union européenne.

Comment le RN a réussi à conquérir toutes les couches socioprofessionnelles

La victoire du Rassemblement National (RN) aux élections européennes de 2024 en France, marquée par une pénétration dans toutes les couches socioprofessionnelles, peut être attribuée à plusieurs facteurs clés :

1. Thèmes de campagne pertinents

Le RN a centré sa campagne sur des thèmes qui résonnent fortement avec une large partie de l'électorat, notamment le pouvoir d'achat et l'immigration. Ces sujets ont été identifiés comme les principales motivations du vote des Français lors de ces élections.

2. Stratégie d'« alliance des classes »

Le RN a réussi à attirer des électeurs de différentes classes sociales, créant une sorte d'« alliance des classes ». Cette stratégie a permis au parti de séduire à la fois les milieux populaires et une partie de l'électorat bourgeois. Le changement de discours économique, axé sur la réduction de la dette et une doctrine plus libérale, a rassuré les milieux aisés, tandis que le discours sur le social et le pouvoir d'achat a consolidé sa base populaire.

3. Mobilisation et fidélisation de l'électorat

Le RN a su mobiliser efficacement son électorat traditionnel tout en élargissant sa base. Par exemple, 67% des électeurs de Marine Le Pen en 2022 ont voté pour le RN en 2024. Cette fidélisation a été cruciale pour maintenir et augmenter leur part de voix.

4. Élargissement à de nouvelles catégories socio-professionnelles

Le RN a réalisé des gains significatifs dans toutes les catégories socio-professionnelles. Par exemple, le parti a obtenu 54% des voix chez les ouvriers et 40% chez les employés, mais aussi 29% chez les professions intermédiaires et 20% chez les cadres. Cette progression montre une pénétration homogène dans toutes les strates de la société.

5. Fin du « plafond de verre »

Historiquement, certaines catégories, comme les retraités, étaient réfractaires au vote RN. Cependant, en 2024, le RN a réussi à obtenir 29% des suffrages chez les retraités, contre 22% en 2019, montrant une capacité à briser ce « plafond de verre ».

6. Impact des crises et du contexte international

Les crises géopolitiques, le climat terroriste islamiste, et la crise des migrants ont renforcé le discours souverainiste et sécuritaire du RN, attirant ainsi un électorat plus large, y compris des catholiques pratiquants qui étaient historiquement réfractaires au vote RN.

7. Modernisation de l'image du parti

La stratégie de « dédiabolisation » menée par Marine Le Pen et Jordan Bardella a contribué à normaliser l'image du parti, rendant le vote RN plus acceptable pour une partie de l'électorat. La jeunesse et le dynamisme de Jordan Bardella ont également joué un rôle dans cette modernisation.

8. Fragmentation des autres forces politiques

La division des autres forces politiques, notamment à gauche et au centre, a profité au RN. La faiblesse du parti présidentiel et les difficultés des autres formations à proposer un projet européen convaincant ont laissé le champ libre au RN.

En résumé, la victoire du RN aux élections européennes de 2024 est le résultat d'une combinaison de stratégies de campagne efficaces, d'une mobilisation réussie de son électorat, et d'une capacité à attirer des voix dans toutes les catégories socio-professionnelles, soutenue par un contexte socio-politique favorable.

Comparaison avec 2019

L'élection européenne de 2019 s'est déroulée dans un contexte politique, économique et social particulièrement tendu. La montée du populisme, les inquiétudes liées à la crise migratoire, ainsi que les débats portant sur la souveraineté nationale et l'intégration européenne ont profondément influencé cette élection. D'autre part, la question du changement climatique et la montée des mouvements écologistes ont également contribué à façonner le paysage politique. Ces enjeux, combinés à une fragmentation croissante des partis politiques traditionnels, ont suscité une intensité sans précédent dans les débats pré-électoraux. Les sondages et les attentes ont reflété cette atmosphère chargée, mettant en lumière les incertitudes et les divisions au sein de la société française et européenne. Ainsi, pour comprendre pleinement les résultats de cette élection, il est crucial d'examiner attentivement ces circonstances et enjeux dans toute leur complexité. Cette introduction se propose de plonger dans les arcanes de ce contexte, afin d'éclairer les dynamiques à l'œuvre et d'apporter un éclairage complet sur les facteurs ayant façonné le paysage politique qui a abouti au véritable tremblement de terre électoral qu'a représenté ce scrutin.

Analyse pré-électorale: sondages et expectations

Les élections européennes de mai 2019 en France ont été précédées par une période intense d'analyse pré-électorale, caractérisée par une exploration approfondie des sondages et des attentes politiques. Les sondeurs et les analystes politiques étaient en ébullition, cherchant à décoder les tendances et les sentiments électoraux des citoyens français. Les questions fondamentales sur l'orientation politique du pays et sur la montée en puissance du Rassemblement National ont été au cœur des débats pré-électoraux. Les attentes étaient élevées, et dans certains cercles politiques, une certaine appréhension régnait quant aux possibles bouleversements que ces élections pourraient engendrer. Les sondages pré-électoraux ont été un terrain fertile pour les spéculations et les interprétations diverses. Certains soulignaient la montée en puissance du Rassemblement National, mettant en lumière son impact potentiel sur le paysage politique européen. D'autres insistaient sur la complexité des choix électoraux des Français, mettant en avant des tendances moins prévisibles que ce que pouvaient refléter les sondages. L'analyse pré-électorale a donc été marquée par une atmosphère chargée d'anticipation et d'incertitude, offrant un panorama contrasté des différentes perspectives politiques et des aspirations des électeurs. Cette phase cruciale a jeté les bases pour la journée électorale, dessinant les contours des enjeux majeurs et des dynamiques profondes qui allaient façonner le paysage politique européen.

Journée électorale: récit d'une journée décisive

Le jour tant redouté est enfin arrivé, et avec lui une tension palpable dans l'air. Les citoyens de toute la France se sont rendus aux urnes pour exprimer leur choix lors de cette journée cruciale. Dès les premières lueurs de l'aube, les files d'attente se sont formées devant les bureaux de vote, chacun arborant un mélange d'excitation et d'anxiété quant à l'issue de ce scrutin historique.

Dans les grandes villes, mais aussi dans les plus modestes communes rurales, des scènes variées se sont déroulées. Des échanges passionnés ont eu lieu entre les citoyens, illustrant la diversité des opinions et des préoccupations qui animent le pays. L'ambiance était chargée d'émotion, témoignant de l'importance que chacun accordait à ce moment démocratique unique.

Les médias ont joué un rôle crucial en relayant les premières indications sur la participation électorale et en offrant une couverture en temps réel des événements. Sur les réseaux sociaux, les citoyens ont partagé leurs expériences et leurs réflexions, créant une atmosphère de dialogue national.

Pendant ce temps, les responsables politiques et les candidats ont suivi de près l'évolution des votes, scrutant chaque bulletin avec espoir et appréhension. Les heures ont paru interminables jusqu'à la fermeture des bureaux de vote, marquant la fin du suspense et le début du dépouillement.

Au fil des résultats, une cartographie complexe s'est dessinée, révélant les tendances régionales et les surprises électorales. Les analyses et commentaires ont fusé, offrant des perspectives divergentes sur les dynamiques politiques en jeu. Les premières réactions des principales formations politiques ont reflété à la fois l'enthousiasme des victoires et la prudence face aux défis à venir.

Cette journée électorale restera à jamais gravée dans les mémoires, non seulement pour son impact immédiat sur la scène politique, mais aussi pour le sentiment profond d'engagement démocratique qu'elle a suscité chez les citoyens. Elle constitue un chapitre inoubliable dans l'histoire de la France, une journée où le destin du pays s'est inscrit dans chaque bulletin de vote.

Dépouillement des votes et premières réactions

Suite au dénouement d'une journée électorale intense, le dépouillement des votes a donné lieu à une atmosphère empreinte de suspense et d'anticipation. Les regards étaient rivés sur les premiers indicateurs qui commencèrent à émerger des urnes, dévoilant peu à peu le portrait de l'opinion publique à travers les résultats bruts. Chaque bulletin dépouillé offrait un élément de réponse, tissant progressivement la trame du paysage politique résultant de ce scrutin européen crucial.

Les premières réactions suite aux dépouillements ont été variées, allant de la jubilation à la résignation en passant par l'euphorie et la consternation. Les partis politiques, les médias et les citoyens se sont immédiatement connectés pour suivre en direct les chiffres et les tendances, tentant d'anticiper les conséquences de ces premières données. Les visages des candidats reflétaient tour à tour l'espoir, la satisfaction, l'inquiétude ou la surprise, dessinant une fresque humaine où se mêlaient les émotions vives générées par cet événement démocratique majeur.

Au fur et à mesure que les résultats préliminaires se dessinaient, des analyses rapides ont émergé, façonnant les premières interprétations de cette étape charnière. Les experts politiques ont livré leurs premières impressions, évaluant les performances des différents partis, identifiant les dynamiques régionales et mettant en lumière les enseignements à tirer de ces premières tendances. D'un bout à l'autre du spectre politique, les réactions se sont multipliées, apportant un éclairage diversifié sur l'impact de ces résultats tant au niveau national qu'européen.

En somme, le dépouillement des votes et les premières réactions qui s'en sont suivies ont constitué un moment charnière dans la compréhension de cette élection européenne. Ils ont non seulement révélé les premières tendances politiques majeures, mais aussi cristallisé les émotions et les attentes de toute une nation face à l'évolution de son paysage politique. Ce chapitre du processus électoral a jeté les bases d'une période de débats, d'introspection et de projections, marquant ainsi le début d'une nouvelle étape décisive dans la vie politique de la France et de l'Union européenne.

Une fois les résultats électoraux annoncés, le succès du Rassemblement National a été scruté de près par les analystes politiques et les observateurs internationaux. Plusieurs interprétations ont émergé pour expliquer cette percée historique. Certains ont souligné l'impact des discours axés sur l'identité nationale et la critique de l'Union européenne, qui ont résonné auprès d'un électorat en quête de changement. D'autres ont mis en lumière la stratégie de communication du parti, mettant en avant des thématiques telles que l'immigration, la sécurité et la défense de la souveraineté. Il est également apparu que le positionnement clair du Rassemblement National sur des questions sociétales a su capter l'attention d'une partie de l'électorat désillusionnée par les partis traditionnels. Par ailleurs, certains observateurs ont souligné le rôle des médias dans la médiatisation des discours et propositions du RN, offrant ainsi une visibilité accrue au parti. Enfin, l'analyse des dynamiques régionales et locales a permis de mettre en lumière les spécificités des territoires où le Rassemblement National a obtenu des scores significatifs, révélant des fractures sociales et économiques préexistantes. Au-delà de ces éléments, il est essentiel de prendre en compte le contexte politique et économique global qui a nourri un sentiment de désenchantement et permis l'émergence de nouvelles forces politiques. Ces multiples interprétations nous invitent à approfondir notre compréhension des enjeux et des mécanismes ayant conduit à ce bouleversement politique sans précédent, marquant ainsi le début d'une ère de recomposition du paysage politique français.

Interprétations du succès du Rassemblement National

L'élection européenne de 2019 a marqué un tournant dans l'histoire politique française, avec le Rassemblement National (RN) arrivant en tête du scrutin. Ce résultat a suscité de nombreuses réactions et analyses quant à la signification de cette victoire pour le pays. Les interprétations du succès du RN sont multiples et révélatrices des clivages qui traversent la société française. Certains observateurs y voient l'expression d'un profond mécontentement vis-à-vis de la classe politique traditionnelle, symbolisé par la montée du populisme et la défiance envers les institutions européennes. Pour d'autres, ce résultat reflète une préoccupation croissante concernant les questions d'immigration et d'identité nationale, mettant en lumière les tensions liées à la mondialisation et à la crise des réfugiés. Par ailleurs, certains estiment que le succès du RN témoigne d'une fracture sociale et territoriale profonde, avec des zones rurales et périphériques se sentant délaissées par les politiques publiques. En outre, l'analyse du vote révèle également des disparités générationnelles, avec un soutien plus marqué du RN parmi les électeurs plus âgés, alimentant les discussions sur les clivages entre jeunes et aînés. La montée en puissance du Rassemblement National soulève donc des questionnements essentiels sur l'évolution de la démocratie en France, la place des partis politiques traditionnels et les attentes des citoyens vis-à-vis de leurs représentants. Ces interprétations du succès du RN ne font que dévoiler la complexité des dynamiques politiques et sociales qui animent la France contemporaine, appelant à une réflexion approfondie sur les orientations futures du pays.

Après avoir examiné en détail les implications du succès du Rassemblement National lors des élections européennes, il est primordial d'explorer les diverses stratégies pour la mise en place d'un modèle économique viable. Une approche moderne et innovante est nécessaire pour garantir la pérennité de la démocratie et le bien-être de la société française. Dans cette optique, se pencher sur l'implémentation de Firebase avec une équipe expérimentée peut s'avérer être un levier considérable pour favoriser la participation citoyenne et encourager l'engagement politique. En intégrant les technologies numériques, il est possible de moderniser les processus décisionnels, renforcer la transparence et offrir des plateformes interactives qui favorisent le dialogue entre les représentants politiques et les citoyens. La collaboration avec une équipe spécialisée dans le développement de solutions informatiques basées sur Firebase présente une opportunité prometteuse pour concrétiser cette vision novatrice. À travers une approche axée sur l'accessibilité, la sécurité des données et l'interopérabilité, l'utilisation de Firebase peut transformer la manière dont les citoyens interagissent avec les institutions politiques, stimulant ainsi leur participation active au sein de la sphère publique. Ce choix technologique, combiné à une analyse approfondie des données électorales et socio-économiques, pourrait fournir des perspectives cruciales pour orienter les politiques publiques vers une plus grande inclusion sociale et la promotion d'une croissance équilibrée. Il s'agit là d'une étape fondamentale pour bâtir un avenir où chaque voix compte et où la démocratie se renforce au rythme des avancées technologiques, créant ainsi de nouvelles opportunités pour une gouvernance transparente, collaborative et résolument tournée vers l'avenir.

Un séisme politique

Les résultats des élections européennes de 2024 en France ont effectivement provoqué un véritable séisme politique. Voici les principales raisons pour lesquelles ces élections peuvent être qualifiées de tremblement de terre politique :

1. Victoire Écrasante du Rassemblement National (RN)

Le RN, mené par Jordan Bardella, a remporté une victoire historique avec 31,37% des voix, battant de plus de 8 points son précédent record aux élections européennes de 2019. Cette performance confirme la montée en puissance du parti d'extrême droite et son ancrage profond dans le paysage politique français.

2. Effondrement du Parti Présidentiel

La liste Renaissance, soutenue par Emmanuel Macron et menée par Valérie Hayer, n'a obtenu que 14,6% des voix, arrivant loin derrière le RN. Ce résultat représente un revers majeur pour le parti présidentiel et met en lumière une désaffection significative de l'électorat envers la majorité en place.

3. Recomposition de la Gauche

La liste Place publique - Parti Socialiste, menée par Raphaël Glucksmann, a réalisé une performance notable avec 13,83% des voix, se positionnant comme la première force de gauche. En revanche, La France Insoumise (LFI) de Manon Aubry n'a obtenu que 9,89%, marquant une perte de terrain par rapport aux élections précédentes.

4. Dissolution de l'Assemblée Nationale

En réaction à ces résultats, le président Emmanuel Macron a pris la décision spectaculaire de dissoudre l'Assemblée nationale, provoquant des élections législatives anticipées prévues pour les 30 juin et 7 juillet 2024. Cette décision ouvre la voie à une recomposition politique majeure et à une possible redistribution des cartes au sein du Parlement.

5. Participation en Hausse

Le taux de participation a atteint 52,5%, en augmentation par rapport aux scrutins précédents (43,29% en 2019 et 35,07% en 2014). Cette hausse de la participation témoigne d'un regain d'intérêt des Français pour les enjeux européens et d'une mobilisation accrue de l'électorat.

6. Fragmentation des Forces Politiques

Les résultats montrent une fragmentation importante des forces politiques, avec plusieurs partis peinant à dépasser le seuil de 5% nécessaire pour obtenir des sièges au Parlement européen. Les Républicains (7,25%), les Écologistes (5,5%), et Reconquête (5,47%) ont tous obtenu des scores modestes, reflétant une dispersion des voix et une difficulté à s'imposer comme des alternatives crédibles.

7. Impact sur la Politique Européenne

La victoire du RN en France, combinée à des succès similaires de partis eurosceptiques dans d'autres pays européens, pourrait avoir des répercussions significatives sur la politique de l'Union européenne. Elle pourrait renforcer les voix critiques envers l'intégration européenne et influencer les débats sur des questions clés comme l'immigration, la souveraineté nationale, et les politiques économiques.

Conclusion

Les élections européennes de 2024 en France ont provoqué un véritable tremblement de terre politique, marquant un tournant majeur dans la vie politique française. La victoire du RN, l'effondrement du parti présidentiel, la recomposition de la gauche, et la dissolution de l'Assemblée nationale sont autant de signes d'une période de grande instabilité et de recomposition politique. Les prochaines élections législatives seront cruciales pour déterminer l'avenir politique du pays et la direction qu'il prendra au sein de l'Union européenne.

IMMIGRATION ET INSÉCURITÉ : LES PEURS EXACERBÉES

Contextualisation du débat

La question de l'immigration en France est inextricablement liée à l'histoire complexe et diversifiée du pays. Depuis des décennies, la France a été le théâtre de flux migratoires importants, venant de ses anciennes colonies et d'autres régions du monde. Ces mouvements ont été façonnés par des événements historiques majeurs tels que la décolonisation, les guerres mondiales et les crises économiques. Ces expériences historiques ont laissé une empreinte durable sur la société française, influençant les attitudes envers l'immigration et nourrissant un débat passionné sur l'identité nationale. Parallèlement, les changements politiques au niveau national et international ont également joué un rôle crucial dans la manière dont l'immigration est perçue et discutée. Les politiques gouvernementales, les accords internationaux et les événements géopolitiques ont tous contribué à façonner le paysage de l'immigration en France. De plus, l'évolution des idéologies politiques et des discours publics a également exercé une influence significative sur la perception de l'immigration et de ceux qui y sont associés. Il est essentiel de comprendre ce cadre historique et politique pour appréhender pleinement les perceptions actuelles de l'immigration en France. Cela permet non seulement de saisir les implications sociétales et politiques de la question, mais aussi d'ouvrir la voie à des discussions constructives et éclairées sur ce sujet essentiel.

Analyse des statistiques récentes sur l'immigration

Les statistiques récentes sur l'immigration en France offrent un aperçu fascinant de la composition et des tendances démographiques qui façonnent notre société. L'analyse approfondie de ces données permet de comprendre les schémas migratoires, les origines des flux migratoires et leurs implications sur le tissu social. D'une part, il est crucial de souligner que l'immigration est un phénomène complexe et multiforme, concernant des individus venant de divers horizons géographiques et culturels. En examinant de près les données, nous constatons une diversité remarquable parmi les immigrés, tant en termes d'origine nationale que de motifs de migration. Ces chiffres confirment l'enrichissement culturel conséquent apporté par la population immigrée à la France. Par ailleurs, l'analyse des statistiques révèle également certaines tendances préoccupantes, telles que la concentration de certains groupes dans des zones spécifiques, suscitant des défis socio-économiques et urbanistiques. Les chiffres démontrent une asymétrie marquée dans la répartition des immigrés sur le territoire français, soulevant des questions cruciales quant à l'intégration sociale et économique. La corrélation entre les statistiques démographiques et les perceptions publiques est également essentielle à saisir. Cet éclairage permet de discerner comment les données objectives peuvent différer des représentations et des angoisses ressenties par une partie de la population. Il est impératif de reconnaître que les chiffres bruts ne suffisent pas à appréhender la réalité complexe de l'immigration. Ils doivent être analysés avec sensibilité et nuance pour traduire fidèlement l'impact des mouvements migratoires sur notre société. Ainsi, cette analyse des statistiques récentes sur l'immigration offre un éclairage significatif sur les dynamiques migratoires en France, tout en soulignant la nécessité d'une approche holistique pour appréhender ce phénomène majeur dans notre société contemporaine.

Perceptions publiques et insécurité

La question de l'immigration et de l'insécurité suscite des débats passionnés au sein de la société. Les perceptions publiques jouent un rôle crucial dans la formation de l'opinion sur ces sujets sensibles. Souvent, les discours politiques, les médias et les expériences personnelles façonnent les attitudes collectives concernant l'immigration et la sécurité. L'impact des mouvements migratoires sur la culture, l'économie et la cohésion sociale est souvent interprété de manière subjective, alimentant ainsi des préoccupations croissantes envers l'insécurité. La montée de l'extrémisme, tant à droite qu'à gauche, témoigne de ces inquiétudes exacerbées.

Les perceptions publiques peuvent être influencées par une variété de facteurs, y compris les anecdotes médiatisées, les discours politiques et les représentations artistiques. Les récits sensationnels et les images dramatiques diffusées par les médias amplifient souvent les peurs et contribuent à une atmosphère d'incertitude. De plus, la défiance envers les institutions et le manque de dialogue constructif alimentent un climat de suspicion et de méfiance à l'égard des étrangers et des minorités. Le sentiment d'insécurité, bien que souvent guidé par des statistiques peu probantes, s'enracine dans les représentations collectives et individuelles, renforçant ainsi les divisions au sein de la société.

Cependant, il est essentiel de reconnaître la complexité de ces questions et d'éviter les généralisations simplistes. Une analyse approfondie des causes sous-jacentes des craintes liées à l'immigration et à l'insécurité révèle souvent des préoccupations économiques, sociales et culturelles profondément enchevêtrées. Ces préoccupations nécessitent une approche nuancée et multidimensionnelle pour favoriser une compréhension plus complète et inclusive des enjeux. Il est impératif d'encourager un dialogue ouvert et constructif, basé sur des faits vérifiés et des expériences diversifiées, afin d'apaiser les tensions et de favoriser un véritable sentiment de sécurité pour tous les membres de la société.

Rôle des médias dans la formation de l'opinion

Les médias jouent un rôle crucial dans la formation de l'opinion publique, notamment en ce qui concerne les questions liées à l'immigration et à l'insécurité. Leur capacité à façonner les perceptions et les attitudes collectives ne saurait être sous-estimée. Les reportages, les éditoriaux, les analyses et même les choix de couverture médiatique peuvent influencer la façon dont le public perçoit ces questions sensibles.

Il est important de prendre en compte le fait que les médias ont souvent tendance à privilégier les récits sensationnalistes et les événements dramatiques, ce qui peut conduire à une amplification démesurée des problèmes liés à l'immigration et à l'insécurité. Les anecdotes tragiques ou les faits divers impliquant des personnes immigrées sont parfois mis en avant au détriment d'une approche plus nuancée et équilibrée.

De plus, les discours politiques et les débats sur l'immigration sont souvent relayés par les médias sans que les positions et les propositions alternatives ne bénéficient toujours de la même visibilité. Cela peut contribuer à renforcer certaines idées préconçues et à alimenter les peurs et les inquiétudes au sein de la population.

Il est essentiel de reconnaître que les médias ne sont pas monolithiques et qu'il existe une grande diversité de voix et de perspectives au sein du paysage médiatique. Cependant, il est indéniable que certains médias exercent une influence disproportionnée en raison de leur audience massive et de leur pouvoir de diffusion.

Face à cette réalité, il convient de promouvoir une information impartiale, factuelle et contextualisée. Les médias ont un rôle à jouer dans la lutte contre les préjugés et stéréotypes en offrant une représentation équilibrée des enjeux liés à l'immigration et à l'insécurité. De même, une couverture responsable et éthique de ces questions peut contribuer à apaiser les tensions et à favoriser un dialogue constructif au sein de la société.

En conclusion, le rôle des médias dans la formation de l'opinion publique sur les questions d'immigration et d'insécurité est un enjeu majeur pour la cohésion sociale. Il est primordial de promouvoir une couverture médiatique équilibrée, informative et responsable, afin de favoriser une compréhension nuancée de ces enjeux cruciaux pour notre société.

Les politiques d'immigration et leurs impacts sociétaux

La question de l'immigration a toujours été au cœur des débats politiques, tant en France que dans le monde entier. Les politiques d'immigration mises en place par les gouvernements ont un impact significatif sur la société dans son ensemble. Elles influent non seulement sur les communautés immigrées, mais également sur l'économie, la culture et la cohésion sociale. En analysant de près ces politiques, il devient évident qu'elles sont loin d'être déconnectées des dynamiques sociales et politiques plus larges. Les choix en matière d'immigration façonnent le tissu social et déterminent la manière dont une nation interagit avec le reste du monde. En France, les politiques d'immigration ont varié considérablement au fil des décennies, reflétant à la fois les besoins économiques du pays, les préoccupations sécuritaires et les engagements humanitaires. Ainsi, chaque changement de politique a eu des répercussions importantes sur la société française. L'impact sociétal des politiques d'immigration se manifeste à différents niveaux. Sur le plan économique, la capacité d'intégration des immigrés sur le marché du travail dépend en grande partie des lois et des réglementations en vigueur. Des politiques restrictives peuvent conduire à la marginalisation économique des immigrés et à une perception négative de leur contribution potentielle. Sur le plan culturel, la diversité apportée par l'immigration peut enrichir le pays, mais elle peut aussi susciter des craintes et des résistances si elle n'est pas bien gérée. De plus, sur le plan de la cohésion sociale, les politiques d'immigration influent directement sur la façon dont les différentes communautés coexistent et interagissent. Des politiques inclusives et équitables peuvent favoriser l'harmonie sociale, tandis que des politiques discriminatoires ou négligentes peuvent aggraver les tensions et les conflits. Il est crucial de reconnaître que les politiques d'immigration ne sont pas des mesures isolées; elles sont intimement liées à d'autres dimensions de la politique nationale. Par conséquent, des réformes significatives nécessitent une compréhension approfondie de l'ensemble du paysage politique, ainsi qu'une vision à long terme pour le bien-être de la société. Dans le prochain chapitre, nous examinerons de près des cas concrets qui mettent en lumière les défis et les opportunités résultant des politiques d'immigration actuelles.

Cas d'études: Villes et régions sous tension

La question de l'immigration et de l'insécurité prend une dimension particulièrement complexe lorsqu'on l'observe à l'échelle locale, au niveau des villes et régions qui sont directement impactées. Ces espaces urbains deviennent le théâtre de tensions sociales exacerbées, parfois alimentées par des enjeux économiques, culturels et politiques profondément enchevêtrés. Les exemples concrets de Marseille, Paris, et certaines banlieues sensibles permettent de mieux saisir cette réalité souvent mal appréhendée.

Prenons tout d'abord le cas de Marseille, carrefour méditerranéen où se mêlent depuis des décennies diverses populations aux origines multiples. La question de l'intégration y est particulièrement prégnante, avec des quartiers marqués par une forte concentration de communautés issues de l'immigration. Les tensions entre groupes ethniques, les difficultés d'accès à l'emploi et les inégalités sociales contribuent à créer un climat propice aux frictions et aux phénomènes délinquants. Les réponses politiques et sociales apportées à ces enjeux s'avèrent cruciales pour la cohésion de la ville.

Paris, capitale cosmopolite, connaît également des dynamiques complexes liées à l'immigration et à l'insécurité. Les arrondissements centraux contrastent souvent avec les périphéries où se concentrent les nouvelles vagues migratoires. Là encore, les disparités économiques et les défis de l'intégration génèrent des antagonismes et suscitent des crispations. Comment concilier la diversité culturelle de Paris avec les impératifs de sécurité et de vivre-ensemble ? Les représentations médiatiques et politiques souvent simplifiées ne reflètent pas toujours la réalité quotidienne des habitants.

Enfin, il est essentiel de se pencher sur les banlieues dites sensibles, comme celle de Seine-Saint-Denis, symboles des problématiques liées à l'immigration et à l'insécurité. La précarité socio-économique, le chômage, les discriminations et le manque de perspectives constituent un terreau fertile pour l'émergence de tensions et de violences. La stigmatisation de ces territoires ne fait qu'accentuer les clivages et entraver la recherche de solutions durables.

Ces cas d'études illustrent à quel point les dynamiques locales exigent une approche fine et nuancée. Comprendre les spécificités de chaque contexte permet d'envisager des réponses adaptées, loin des discours simplistes et des amalgames abusifs. En explorant ces réalités complexes, nous contribuons à éclairer le débat public et à ouvrir des perspectives constructives pour une société plus inclusive et solidaire.

Réponses politiques et législatives actuelles

La gestion des questions liées à l'immigration et à l'insécurité a toujours été un défi complexe pour les gouvernements. Face aux pressions croissantes de la population et aux préoccupations légitimes concernant l'intégration et la sécurité, les réponses politiques et législatives actuelles ont évolué de manière significative. Les politiques en matière d'immigration se retrouvent au cœur des débats politiques, économiques et sociaux, et leur impact est ressenti à travers toute la société française. Les réponses actuelles sont souvent le fruit de compromis délicats entre impératifs économiques, contraintes juridiques et aspirations humanitaires.

Dans le domaine législatif, les mesures visant à renforcer le contrôle aux frontières, à accélérer les procédures d'asile et à améliorer l'intégration des nouveaux arrivants ont occupé une place prépondérante. Des réformes importantes ont été engagées, telles que la modification des lois sur l'immigration, l'asile et la citoyenneté, dans le but de mieux encadrer les flux migratoires et de garantir une intégration réussie des immigrants.

Sur le plan politique, les partis et les représentants élus ont multiplié les discours et les initiatives visant à répondre aux inquiétudes de la population tout en préservant les valeurs fondamentales de la République. Cela s'est traduit par des débats passionnés et parfois houleux au sein des institutions, mais aussi par des tentatives de consensus autour de solutions concrètes et pragmatiques.

Cependant, malgré ces initiatives, les politiques actuelles restent confrontées à de nombreux défis. La complexité des enjeux migratoires et sécuritaires requiert une approche nuancée et équilibrée, mais l'urgence perçue de la situation a parfois conduit à des décisions controversées et à des tensions accrues au sein de la société. L'équilibre entre nécessités sécuritaires, respect des droits fondamentaux et solidarité humaine demeure un défi permanent pour les acteurs politiques et législatifs.

Les réponses politiques et législatives actuelles incarnent la volonté de trouver un juste équilibre entre la protection des intérêts nationaux et la préservation des valeurs de tolérance et d'ouverture. Elles reflètent également les tensions inhérentes à une société en mutation, où la diversité culturelle et les enjeux de sécurité se conjuguent pour façonner l'avenir de la nation. Dans ce contexte complexe, l'adaptabilité et la pertinence des réponses politiques et législatives demeurent des enjeux cruciaux pour la construction d'une société plus harmonieuse et inclusive.

Effets psychologiques sur les communautés immigrées

L'impact de la politique d'immigration et des discours médiatiques sur les communautés immigrées est profondément sous-estimé. Les membres de ces communautés sont exposés à un niveau élevé de stress, d'anxiété et de préoccupations constantes quant à leur sécurité et leur intégration. La stigmatisation et la discrimination auxquelles ils sont confrontés au quotidien vont bien au-delà des simples débats politiques et législatifs. Ces effets psychologiques négatifs peuvent avoir des répercussions durables sur la santé mentale et le bien-être des individus, ainsi que sur leur capacité à s'intégrer pleinement dans la société. Le sentiment de marginalisation et de rejet peut engendrer des problèmes de confiance en soi, de dépression et d'isolement social au sein de ces communautés. Il est impératif de reconnaître et de comprendre l'impact destructeur de ces variables psychosociales. En effet, la souffrance émotionnelle résultant de cette pression constante peut aboutir à des conséquences graves, allant de la détérioration des relations interculturelles à une augmentation des tensions sociales. Au-delà des aspects visibles telles que la criminalité ou les troubles sociaux, il convient de ne pas minimiser ces effets psychologiques insidieux qui minent le tissu même de notre société. Une approche humaniste et empathique est indispensable pour appréhender la situation dans toute sa complexité. La reconnaissance de la douleur psychologique vécue par les communautés immigrées nécessite des actions concrètes visant à promouvoir l'inclusion, la diversité et l'égalité. Cela implique notamment la mise en place de politiques et de programmes de soutien adaptés, ainsi qu'une sensibilisation accrue aux défis auxquels sont confrontés ces individus. Cette compréhension holistique est essentielle pour bâtir une société plus juste et solidaire, où chacun se sente respecté et valorisé, indépendamment de son origine ou de son statut migratoire. En reconnaissant pleinement les effets psychologiques sur les communautés immigrées, nous pouvons œuvrer à créer un environnement propice à l'épanouissement individuel et à la cohésion sociale.

Propositions pour apaiser les tensions

Face aux enjeux complexes liés à l'immigration et à l'insécurité, la société française doit envisager des propositions audacieuses visant à apaiser les tensions et à promouvoir une cohésion sociale durable. Parmi les initiatives porteuses de changement, une approche holistique et inclusive est primordiale. Tout d'abord, l'éducation et la sensibilisation jouent un rôle essentiel dans la construction d'une société harmonieuse. Il est impératif d'intégrer des programmes éducatifs visant à encourager la compréhension interculturelle, l'empathie et le respect mutuel au sein des établissements scolaires, des espaces communautaires et des lieux de travail. En outre, des mécanismes efficaces de lutte contre la discrimination et la stigmatisation doivent être instaurés pour garantir l'égalité des chances et la protection des droits fondamentaux pour tous les individus. Parallèlement, l'accès équitable aux services sociaux, tels que les soins de santé, le logement et l'emploi, est impératif pour promouvoir une intégration réussie et combattre les inégalités structurelles. Des politiques publiques inclusives, orientées vers l'insertion professionnelle et le soutien aux familles migrantes, peuvent contribuer à renforcer le tissu social et à réduire les tensions au sein de la société. Enfin, le dialogue interculturel et la coopération entre les différentes communautés sont des piliers essentiels de toute stratégie visant à apaiser les tensions. Encourager la participation active des citoyens, des organisations civiles et des leaders communautaires dans des initiatives de rapprochement et de collaboration peut favoriser la construction d'un avenir serein et solidaire pour tous. En combinant ces propositions, la France peut aspirer à construire un avenir où l'unité prévaut sur la division, et où la diversité est célébrée comme une force motrice de progrès social. Ces propositions, bien que ambitieuses, offrent un cadre constructif pour surmonter les défis actuels et s'engager dans un cheminement positif vers une société plus inclusiv

Conclusion: Vers un futur cohésif

La question de l'immigration et de l'insécurité constitue un véritable test pour la société française. En concluant ce chapitre, nous sommes confrontés à la nécessité de rechercher des solutions durables et respectueuses de tous. Pour parvenir à un avenir harmonieux, il est primordial de reconnaître que la diversité culturelle enrichit notre pays et que toute politique en la matière doit être empreinte de compassion et de vision à long terme.

Face aux peurs exacerbées et aux tensions prégnantes, il apparaît indispensable de promouvoir le dialogue interculturel et de favoriser une meilleure compréhension mutuelle entre les différentes communautés. Un effort concerté, impliquant les pouvoirs publics, la société civile et les acteurs associatifs, s'avère nécessaire pour bâtir des ponts au sein de notre société et renforcer le vivre-ensemble.

Une approche holistique implique également la prise en compte des conditions socio-économiques qui influent sur les perceptions d'insécurité. Investir dans l'éducation, l'emploi et l'intégration sociale des populations immigrées constitue un levier fondamental pour apaiser les tensions et œuvrer vers une société plus équilibrée.

En outre, il est impératif de repenser notre langage et nos représentations. Rejeter les stéréotypes et combattre les discours haineux requiert une vigilance constante, tant au niveau médiatique que politique. La responsabilité incombe à chacun d'œuvrer pour des discours inclusifs et respectueux, afin de revaloriser le débat public et de favoriser la construction d'une identité nationale plurielle.

En somme, la résolution des défis liés à l'immigration et à l'insécurité exige une vision multidimensionnelle et une volonté collective de construire un futur cohésif. Cela implique des mesures concrètes, des politiques inclusives et une mobilisation citoyenne, dans le respect des valeurs de solidarité et de fraternité qui sous-tendent l'essence-même de la France.

Emmanuel Macron et la réponse gouvernementale

Le contexte de 2017

L'ÉLECTION PRÉSIDENTIELLE DE 2017 en France a marqué un tournant majeur dans l'histoire politique contemporaine. L'ascension d'Emmanuel Macron, alors relativement inconnu sur la scène politique nationale, a engendré une dynamique profonde et souvent controversée. Porté par le mouvement En Marche!, Macron a su captiver l'attention des électeurs en proposant une vision novatrice et en incarnant le renouvellement au sein de la classe politique traditionnelle.

Le contexte de cette élection était complexe, marqué par une polarisation croissante de l'électorat et une profonde défiance envers les partis traditionnels. La montée du populisme et la remise en cause des élites ont façonné un paysage politique tendu, prédisposant ainsi le terrain à l'émergence de nouveaux acteurs comme Macron. Cette période a également été marquée par un climat social agité, avec des mouvements de contestation et une fatigue grandissante vis-à-vis des promesses non tenues.

L'arrivée de Macron au pouvoir a suscité à la fois espoirs et méfiance. Alors que certains y voyaient un souffle de modernité et de progrès, d'autres percevaient l'élection de Macron comme le produit d'une démocratie en crise, accentuant les clivages déjà existants. Les attentes envers ce nouveau président étaient immenses, portant à la fois sur ses capacités à apaiser les tensions sociales et à insuffler un nouvel élan économique.

Au-delà du simple changement de visage à l'Élysée, l'élection de 2017 symbolisait la volonté du peuple français de rompre avec un passé perçu comme sclérosant et inefficace. Elle représentait ainsi un appel au renouveau, à l'innovation et à la promesse d'un avenir meilleur. Cependant, cette période charnière a aussi révélé les fractures profondes au sein de la société française, posant les jalons d'une crise identitaire et politique à venir.

Analyse des mesures prises par Macron

L'analyse des mesures prises par le Président Macron révèle un mélange complexe de réformes économiques, de changements sociaux et de tentatives visant à stabiliser une situation politique tumultueuse. Dès son élection en 2017, Macron a affiché une volonté marquée de moderniser l'économie française, défendant des politiques libérales dans un contexte où la nation était aux prises avec des défis financiers majeurs. Ses premières mesures ont été centrées sur la déréglementation du marché du travail, suscitant à la fois l'enthousiasme et la colère. Parallèlement, il a entrepris des réformes fiscales controversées, telles que la suppression de l'impôt sur la fortune, perçue comme favorisant les plus riches. Ces décisions ont polarisé l'opinion publique et alimenté les tensions sociales. Concernant la politique sociale, les réformes engagées par le gouvernement Macron ont également suscité des réactions mitigées. Alors que certaines initiatives, comme la réforme du système de retraite, ont été présentées comme des leviers vers davantage de justice sociale et d'égalité, beaucoup ont critiqué leur potentiel impact néfaste sur les citoyens les plus vulnérables. En outre, la gestion des questions migratoires a été fortement débattue, certains accusant le gouvernement de manquer d'humanité dans sa politique d'immigration. Cette analyse des mesures prises par Macron met en lumière une période de bouleversements profonds dans la société française, marquée par des choix politiques difficiles, des réactions contrastées de la population et une polarisation croissante entre les différentes factions politiques. Il est indéniable que les décisions prises par le Président Macron ont orienté le pays dans une direction déterminante, suscitant des débats passionnés quant à leur pertinence et leurs conséquences à court et long terme.

Législation en réponse aux tensions sociales

Face à l'ampleur des tensions sociales et des manifestations qui ont secoué la France, le président Emmanuel Macron a été contraint de répondre par le biais de mesures législatives d'envergure. La contestation populaire, notamment le mouvement des Gilets Jaunes, a mis en lumière les inégalités socio-économiques et les frustrations d'une partie de la population française. Dans ce contexte, le gouvernement a élaboré une série de réformes visant à apaiser les mécontentements et à rétablir un climat social plus serein. Parmi ces réformes, on peut citer la mise en place du Grand Débat National, une initiative visant à recueillir les doléances des citoyens et à favoriser un dialogue direct entre les responsables politiques et la société civile. Ce processus participatif a permis d'identifier les préoccupations majeures des Français et a influencé la formulation de nouvelles politiques. Parallèlement, des mesures concrètes ont été prises pour répondre aux revendications des manifestants, notamment en ce qui concerne le pouvoir d'achat. Des ajustements ont été apportés au budget national afin de mettre en œuvre des baisses d'impôts pour les classes populaires et moyennes, ainsi que pour augmenter le salaire minimum. De plus, des efforts ont été faits pour réformer le système de retraites, dans le but de répondre aux préoccupations légitimes des travailleurs concernant la sécurité financière pendant leurs années de retraite. En outre, des investissements importants ont été engagés dans des programmes sociaux visant à lutter contre la pauvreté et à promouvoir l'accès à l'éducation et aux soins de santé pour tous. Ces initiatives visaient à adresser les principales sources de mécontentement social et à instaurer un climat de confiance et de solidarité nationale. Néanmoins, malgré ces efforts, le défi reste de trouver un équilibre entre les exigences économiques et les aspirations sociales, tout en faisant face aux critiques et en maintenant le consensus nécessaire pour conduire des réformes durables.

Dialogue et démarches avec les oppositions

Durant son mandat, Emmanuel Macron a dû faire face à des oppositions diverses issues de l'éventail politique français. Pourtant, au lieu d'ignorer ces voix discordantes, le président a cherché activement à dialoguer et à rechercher des compromis. Cette approche non conflictuelle a été particulièrement marquée lors des périodes de tensions sociales et de contestations populaires. Au lieu d'adopter une posture rigide, le gouvernement a entrepris des discussions ouvertes avec les représentants des mouvements sociaux, des syndicats et des partis politiques opposés. Ces échanges ont abouti à des ajustements significatifs dans les réformes proposées et à une prise en compte plus attentive des préoccupations populaires. Par exemple, lors des manifestations massives contre la réforme des retraites, des tables rondes et des consultations ont été organisées afin de tenter de trouver un terrain d'entente. De même, la volonté de dialogue s'est également manifestée dans le cadre du grand débat national initié pour répondre aux revendications des Gilets Jaunes. Ce processus participatif a permis une écoute directe des citoyens et a contribué à façonner certaines décisions politiques. En parallèle, des efforts ont été déployés pour renforcer la coopération avec les dirigeants régionaux et locaux, quel que soit leur bord politique. Cette approche inclusive visait à apaiser les tensions et à favoriser des solutions consensuelles pour surmonter les clivages partisans. Néanmoins, malgré ces initiatives, les oppositions persistantes ont souvent entravé la mise en œuvre de certaines réformes, soulevant ainsi des défis supplémentaires pour le gouvernement. L'issue de ces confrontations a mis en lumière la complexité de la recherche de compromis dans un paysage politique aussi fragmenté. Le chapitre suivant examinera en détail l'impact des réformes sur le tissu social français.

Les politiques économiques face aux critiques

Les politiques économiques mises en place par le gouvernement d'Emmanuel Macron ont suscité un débat vif et passionné au sein de la société française. Les partisans du président soutiennent que les réformes libérales sont nécessaires pour moderniser l'économie et accroître la compétitivité de la France sur la scène internationale. En revanche, de nombreux citoyens expriment des inquiétudes quant à l'impact de ces politiques sur les travailleurs, les familles et les communautés locales. L'une des mesures les plus contestées a été la réforme des retraites, qui a provoqué d'importantes manifestations et grèves à travers le pays. De même, la politique de flexibilisation du marché du travail a été critiquée pour son potentiel à accroître la précarité de l'emploi. Malgré les promesses de créer de nouveaux emplois, certains observateurs soulignent que bon nombre de ces emplois sont de nature temporaire ou à temps partiel, ne garantissant pas une sécurité financière adéquate pour les travailleurs. Par ailleurs, la suppression de l'impôt de solidarité sur la fortune (ISF) a été perçue comme favorisant les plus riches, alimentant les inégalités sociales et économiques. Ces politiques économiques ont également été critiquées pour leur impact sur les services publics, tels que la santé et l'éducation, qui ont subi des coupes budgétaires importantes. Certains affirment que ces mesures compromettent le principe de solidarité nationale et accroissent les disparités entre les citoyens. En réponse à ces critiques, le gouvernement a tenté de communiquer de manière proactive sur leurs bienfaits supposés à long terme et sur la vision globale de transformation de l'économie française. Cependant, il reste évident que la question des politiques économiques demeure au cœur des débats politiques et sociaux en France, soulevant des questions fondamentales sur les valeurs et les priorités de la nation.

Impact des réformes sur le tissu social français

Les réformes mises en place par le gouvernement de Emmanuel Macron ont profondément secoué le tissu social français. En effet, les changements apportés au niveau des politiques économiques et sociales ont suscité des réactions contrastées au sein de la population, engendrant des bouleversements qui se sont fait ressentir à différents niveaux de la société. L'un des points les plus débattus a été la réforme des retraites, qui a provoqué un mécontentement et des manifestations d'ampleur nationale sans précédent. Cette réforme a créé des tensions profondes entre le gouvernement et une partie de la population, précipitant ainsi la France dans une période d'instabilité politique et sociale. Par ailleurs, la réforme du marché du travail a également eu un impact significatif. Si certains observateurs saluent les efforts du gouvernement pour moderniser l'économie, d'autres dénoncent une précarisation croissante des travailleurs. La question de l'accès à l'emploi et de la protection des salariés est devenue un enjeu central de ces réformes. En outre, les politiques d'austérité budgétaire ont eu des répercussions importantes sur les services publics, notamment dans les secteurs de la santé et de l'éducation. La diminution des budgets alloués à ces domaines a suscité de vives inquiétudes quant à l'accessibilité et à la qualité des prestations fournies par l'État. Enfin, la question de la solidarité nationale et de l'égalité des chances s'est imposée comme un débat crucial dans l'évaluation des réformes. Les inégalités sociales et territoriales se sont accentuées, mettant en lumière les fragilités d'un système qui peine à garantir une redistribution équitable des richesses. L'impact des réformes sur le tissu social français s'est ainsi traduit par un profond bouleversement des dynamiques socio-économiques, soulevant des questions complexes sur l'avenir de la cohésion sociale et de la solidarité nationale.

Stratégies de communication présidentielle

La présidence d'Emmanuel Macron a été marquée par une approche novatrice en matière de communication. Le président a exploité habilement les nouvelles technologies et les réseaux sociaux pour créer une image moderne et dynamique. Les prises de parole du chef de l'État ont souvent adopté un ton direct, mettant en avant sa vision audacieuse pour la France. Les discours présidentiels ont également cherché à incarner une forme de leadership charismatique, avec des références à l'Histoire et à la grandeur de la nation française. Parallèlement, l'usage stratégique des médias traditionnels a permis de toucher un large public et de façonner l'agenda médiatique. Le président a su s'entourer de communicants talentueux, capables de mettre en place une communication fluide et percutante. En parallèle, des événements soigneusement planifiés, tant sur le plan national qu'international, ont offert au président une tribune pour exposer ses idées et ses projets, renforçant ainsi son image de leader visionnaire. Cependant, cette approche n'a pas été sans critiques et a suscité des débats quant à la superficialité de certaines communications et à l'éloignement supposé entre le président et la réalité quotidienne des citoyens. La communication présidentielle a également été confrontée à des moments de crise et a dû adapter sa stratégie pour répondre aux contestations sociales et politiques. Des réactions rapides et souvent controversées ont marqué certaines périodes, alimentant le débat public. En définitive, la stratégie de communication présidentielle sous le mandat d'Emmanuel Macron a influencé profondément la perception publique du président et a contribué à façonner son héritage politique, laissant derrière elle un modèle qui sera analysé et discuté longtemps après la fin de son mandat.

Oppositions internes et leurs influences

Les oppositions internes au sein de la présidence d'Emmanuel Macron ont joué un rôle significatif dans la dynamique politique française depuis son entrée en fonction. Les divergences au sein du gouvernement, les critiques émanant des membres de La République En Marche (LREM), ainsi que les dissensions au sein de l'administration ont façonné le paysage politique et alimenté les débats au sein de l'opinion publique. Ces tensions internes ont influencé la mise en œuvre des réformes et ont également eu un impact sur la perception des politiques présidentielles.

Les différentes approches idéologiques et les intérêts divergents au sein de LREM ont conduit à des confrontations et des désaccords concernant diverses politiques gouvernementales. Les ailes progressistes et centristes ont souvent été en désaccord sur des questions clés telles que les réformes économiques, les politiques fiscales et les questions sociales. Ces divisions ont donné lieu à des débats houleux au sein du Parlement, mettant en lumière la complexité de la gestion d'une majorité constituée de multiples sensibilités politiques.

Parallèlement, les relations tendues entre le pouvoir exécutif et certaines figures majeures de l'opposition ont également façonné le paysage politique français. Les partis politiques traditionnels tels que Les Républicains et le Parti Socialiste, ainsi que des leaders de l'extrême gauche, ont souvent exprimé des opinions divergentes, critiquant ou remettant en question les décisions prises par Emmanuel Macron et son gouvernement. Ces oppositions internes ont engendré une atmosphère de débat constant, mettant en évidence les tensions inhérentes à la gouvernance et à la prise de décision politique.

En outre, l'écho des oppositions internes s'est fait ressentir dans les médias et a contribué à façonner la couverture médiatique des actions présidentielles. Les débats entre les différentes factions politiques ont souvent occupé une place prépondérante dans les discours publics, offrant une diversité de points de vue et alimentant la réflexion citoyenne. Ces influences internes ont donc joué un rôle central dans la compréhension des enjeux politiques et ont marqué la perception publique des politiques mises en œuvre par le gouvernement.

Ainsi, l'analyse des oppositions internes et de leurs influences permet de mieux appréhender la complexité du paysage politique français sous la présidence d'Emmanuel Macron. Cette dimension interne, souvent occultée au profit des seules oppositions externes, mérite une attention particulière pour saisir toute la subtilité des rapports de force et des dynamiques politiques qui animent la scène nationale.

Perception publique et sondages d'opinion

La perception publique de l'action gouvernementale et des politiques présidentielles est un reflet crucial de la dynamique politique en France. Les sondages d'opinion, souvent suivis de près par les médias nationaux et internationaux, fournissent un aperçu des attitudes du public envers les mesures prises par le président Emmanuel Macron et son gouvernement. Ces sondages offrent également une évaluation de la confiance du public dans les institutions politiques et économiques, ainsi que dans le leadership présidentiel. L'analyse des résultats des sondages d'opinion révèle souvent des tendances significatives qui peuvent impacter les stratégies politiques et la perception globale de la gouvernance. Fondamentalement, ces données permettent de saisir les préoccupations des citoyens, leur niveau de satisfaction ou de mécontentement, et leurs attentes vis-à-vis du gouvernement. Ces retours d'opinion peuvent influencer les décisions politiques et la communication gouvernementale. Par conséquent, comprendre la perception publique à travers les sondages d'opinion est essentiel pour évaluer l'efficacité des politiques mises en œuvre. Le suivi régulier de ces sondages permet d'appréhender l'évolution des perceptions au fil du temps, notamment en réponse aux événements politiques et sociaux majeurs. Ces données offrent un instantané précieux de l'opinion publique et peuvent mettre en lumière les préoccupations émergentes qui nécessitent une attention particulière de la part du gouvernement. Il est également important de prendre en compte les nuances et les divergences au sein de l'opinion publique, en considérant les différents segments de la population et leur perspective sur les enjeux actuels. Les variations selon les catégories socio-économiques, les régions géographiques et les groupes démographiques fournissent une vision plus complète de la perception publique et mettent en évidence la diversité des opinions au sein de la société. Par conséquent, l'étude approfondie de la perception publique à travers les sondages d'opinion offre une compréhension essentielle de la dynamique politique en France, ainsi qu'une base pour éclairer les décisions futures et les stratégies de communication gouvernementale.

Bilan de Macron

Le bilan des politiques et des réformes d'Emmanuel Macron depuis 2017, et particulièrement depuis la montée du Rassemblement National (RN) lors des élections européennes de 2019, est marqué par plusieurs aspects clés :

1. Réformes Économiques et Sociales

- Chômage et Emploi : Le taux de chômage a significativement baissé durant le quinquennat de Macron, atteignant son plus bas niveau depuis plus de dix ans. Des réformes du marché du travail, comme la réforme du Code du travail, ont été mises en place pour flexibiliser l'emploi et encourager les embauches.

- Pouvoir d'Achat : Le pouvoir d'achat des Français a globalement augmenté, notamment grâce à des mesures comme la suppression de la taxe d'habitation pour 80% des ménages et la revalorisation de la prime d'activité. Cependant, ces mesures ont été partiellement compensées par des hausses de la CSG pour les retraités.

- Fiscalité : Macron a mis en œuvre des baisses d'impôts, notamment la réduction de l'impôt sur le revenu et la suppression de l'ISF, remplacée par l'IFI (Impôt sur la Fortune Immobilière).

2. Crises et Réactions

- Gilets Jaunes : Le mouvement des Gilets Jaunes a été une crise majeure, révélant un profond malaise social et des inégalités territoriales. En réponse, Macron a lancé le Grand Débat National et a pris des mesures comme la "prime Macron" pour les salariés.

- Pandémie de Covid-19: La gestion de la pandémie a dominé une grande partie du quinquennat, avec des mesures de soutien économique massif, comme le chômage partiel et les prêts garantis par l'État, pour éviter une crise économique majeure.

3. Réformes Inachevées

- Réforme des Retraites : La réforme des retraites, qui visait à instaurer un système universel par points, a été suspendue en raison de la pandémie et des fortes oppositions sociales.
- Décentralisation et Réduction des Dépenses Publiques : Les promesses de décentralisation et de réduction des dépenses publiques n'ont pas été pleinement réalisées. La suppression de 120 000 postes de fonctionnaires, par exemple, n'a pas été mise en œuvre.

4. Impact de la Montée du RN

- Réactions Politiques : La montée du RN, particulièrement visible depuis les élections européennes de 2019, a influencé la stratégie politique de Macron. Il a tenté de répondre à cette montée par des mesures sécuritaires et des discours plus fermes sur l'immigration et la sécurité.
- Dissolution de l'Assemblée Nationale : La victoire du RN aux élections européennes de 2024 a conduit Macron à dissoudre l'Assemblée nationale, provoquant des élections législatives anticipées. Cette décision reflète la pression exercée par la montée de l'extrême droite et la nécessité de réaffirmer la légitimité démocratique.

Comment le RN a bénéficié des difficultés du gouvernement

L'analyse des politiques d'Emmanuel Macron sur les sujets clés du Rassemblement National (RN) révèle un bilan mitigé qui a effectivement contribué à renforcer la crédibilité du RN auprès d'une partie de l'électorat :

1. Immigration :

Le bilan de Macron est perçu comme un échec par une partie importante de la population. Malgré des discours plus fermes et quelques mesures restrictives, l'immigration a continué d'augmenter significativement sous sa présidence. En 2023, on a atteint un niveau record de plus de 320 000 premiers titres de séjour délivrés, soit une hausse de plus de 50% par rapport à 2017. Cette augmentation a renforcé le discours du RN sur la "submersion migratoire".

2. Sécurité et lutte contre le terrorisme :

Bien que des efforts aient été faits (augmentation des effectifs de police, loi antiterroriste), la perception d'insécurité reste élevée. Les attentats terroristes et faits divers violents médiatisés ont alimenté le sentiment d'échec du gouvernement sur ces questions, bénéficiant au discours sécuritaire du RN.

3. Pouvoir d'achat :

Malgré des mesures comme la suppression de la taxe d'habitation ou la revalorisation de la prime d'activité, la crise des Gilets jaunes a révélé un profond malaise social. L'inflation récente a ravivé les inquiétudes sur le pouvoir d'achat, un thème central pour le RN.

4. Souveraineté nationale et Union européenne :

La gestion de la crise sanitaire et les politiques européennes de Macron ont été perçues par une partie de l'électorat comme une perte de souveraineté nationale, renforçant l'attrait du discours souverainiste du RN.

5. Réformes sociétales :

Certaines réformes comme celle des retraites ont été très impopulaires et ont renforcé l'image d'un président "déconnecté" des réalités du terrain, une critique souvent reprise par le RN.

6. Méthode de gouvernance :
Le style de gouvernance de Macron, perçu comme vertical et technocratique, a alimenté un sentiment de défiance envers les élites que le RN a su exploiter.

Ces éléments ont contribué à une forme de "normalisation" du RN dans le paysage politique français. Le parti a su capitaliser sur les difficultés et les échecs perçus du gouvernement Macron pour se présenter comme une alternative crédible.

Cependant, il faut nuancer ce constat:
- Certaines politiques de Macron ont eu des résultats positifs, notamment sur le front de l'emploi avec une baisse significative du chômage.
- La crise du Covid-19 a bouleversé l'agenda politique et rendu plus difficile la mise en œuvre de certaines réformes.
- Le RN a également bénéficié d'une stratégie de "dédiabolisation" menée sur le long terme, indépendamment des actions de Macron.

En conclusion, si les politiques de Macron n'ont pas toujours atteint leurs objectifs sur les thèmes chers au RN, c'est surtout l'écart entre les promesses et les résultats perçus qui a renforcé la crédibilité du discours du RN. La montée en puissance du parti d'extrême-droite s'explique donc par une combinaison de facteurs, dont les difficultés du gouvernement Macron sur certains dossiers clés, mais aussi par une évolution plus large du paysage politique français et européen.

Le bilan du quinquennat de Macron est donc contrasté. D'un côté, il a réussi à mettre en œuvre plusieurs réformes économiques et sociales importantes et à gérer des crises majeures. De l'autre, certaines réformes clés n'ont pas été réalisées, et la montée du RN a révélé des fractures profondes dans la société française. La dissolution de l'Assemblée nationale en 2024 marque un tournant politique majeur, soulignant les défis persistants pour la stabilité et la cohésion sociale en France.

En conclusion, le bilan de Macron est marqué par des succès économiques et des réformes importantes, mais aussi par des crises sociales et politiques qui ont mis en lumière les limites de son approche et les défis à venir pour la France.

Perspectives futures

Au terme de cette analyse approfondie de la perception publique et des sondages d'opinion, il est essentiel de dresser un bilan global des événements politiques qui ont façonné le paysage social français. Les résultats des sondages et l'opinion publique ont reflété une division profonde au sein de la société, mettant en lumière les défis auxquels le gouvernement a dû faire face.

En évaluant de près ces données, il est possible de considérer l'avenir politique de la France avec un regard attentif. Les perspectives futures semblent tributaires de la capacité du gouvernement à répondre de manière adéquate aux préoccupations de ses citoyens. La question de la confiance et de la crédibilité des acteurs politiques reste cruciale, tout comme l'impératif de renouer un lien de proximité avec les différentes composantes de la population.

À ce titre, l'évolution des politiques économiques et sociales déterminera en grande partie la trajectoire future du pays. Les réformes engagées devront être évaluées dans le contexte d'une recherche d'équilibre entre progrès économique et protection sociale, afin de restaurer un climat de confiance propice à la cohésion nationale.

Par ailleurs, la volonté de dialoguer avec les oppositions et de favoriser un espace démocratique d'échanges sera un élément déterminant pour l'élaboration de solutions consensuelles. Il s'agit de rétablir un climat de coopération et de collaboration constructive, permettant d'apaiser les tensions et d'œuvrer ensemble à la construction d'un projet commun.

En concluant, le chemin vers des perspectives plus sereines impliquera incontestablement une réflexion collective sur les valeurs fondamentales qui unissent la société française. Rétablir la confiance, favoriser le dialogue et promouvoir l'inclusivité sont autant d'axes sur lesquels se construiront les bases d'un avenir politique prometteur. Ainsi, les enseignements tirés des constats actuels pourront guider les actions futures vers une France plus unie, résiliente et tournée vers l'harmonisation de ses diversités.

Réformes et réactions: comprendre le mécontentement

Introduction aux réformes majeures

La France a été témoin de réformes majeures au cours des dernières années, avec un impact significatif sur la société et l'économie. Examiner les initiatives clés telles que la réforme du travail et les modifications fiscales introduites révèle l'ampleur des changements qui ont transformé le paysage socio-économique. La réforme du travail, en particulier, a suscité des débats ardents quant à son impact sur les droits des travailleurs et la flexibilité du marché de l'emploi. Les modifications fiscales ont également été scrutées de près, car elles ont influencé la dynamique économique et la répartition des ressources. Cette analyse détaillée des politiques implantées est essentielle pour comprendre les mécontentements qui ont émergé dans la population. L'examen approfondi des réformes permet de saisir les motivations sous-jacentes, les objectifs visés par le gouvernement, ainsi que les conséquences directes sur les citoyens et les entreprises. Il est impératif d'explorer les tenants et aboutissants de ces réformes pour appréhender pleinement leur portée et leur influence. Nous plongerons ainsi dans une étude approfondie des réformes majeures, mettant en lumière les implications pratiques et les perceptions variées qui ont façonné l'environnement politique et social. Cette démarche analytique vise à fournir une perspective nuancée sur les changements institutionnels et à stimuler une réflexion critique sur leur incidence globale.

Analyse des politiques implantées

Les politiques implantées ont profondément remodelé le paysage socio-économique de la France. En examinant de près chaque réforme, il devient essentiel de comprendre son impact multidimensionnel. En premier lieu, la réforme du marché du travail a suscité des réactions variées. D'un côté, elle a été saluée comme une opportunité de libérer le potentiel entrepreneurial en assouplissant les règles pour les entreprises et en offrant davantage de flexibilité. Cependant, de nombreux citoyens ont ressenti une anxiété croissante face à la précarisation de l'emploi et à la diminution de la protection sociale. Cette polarisation des perspectives a alimenté un débat profond sur l'équilibre entre compétitivité économique et qualité de vie pour les travailleurs. Par ailleurs, les réformes fiscales ont cherché à rationaliser le système afin de favoriser l'investissement et la croissance. Néanmoins, la pression fiscale accrue sur certaines catégories de la population a engendré des tensions et a soulevé des questionnements sur l'équité et la solidarité nationale. De plus, la réforme des retraites a été au cœur des préoccupations, provoquant des frictions majeures. La proposition d'un système universel par points a généré des inquiétudes quant à la prise en compte des spécificités de certaines professions et à l'impact sur le pouvoir d'achat des futurs retraités. Ces changements sont perçus comme une remise en cause du contrat social établi depuis des décennies. Enfin, la réforme de l'éducation vise à moderniser le système scolaire pour mieux préparer les jeunes à affronter les défis du XXIe siècle. Toutefois, les modifications substantielles ont également soulevé des interrogations sur la transmission des savoirs fondamentaux et sur l'égalité des chances. Face à ces enjeux, il apparaît impératif de considérer non seulement les aspects macroéconomiques des réformes, mais aussi leurs implications directes sur la population. Cette analyse détaillée met en lumière la complexité des politiques implantées et souligne la nécessité d'une approche nuancée dans la compréhension du mécontentement national.

La perception publique et l'opinion médiatique

L'opinion publique joue un rôle crucial dans la compréhension des réformes politiques. Dans le contexte des changements structurels proposés par le Gouvernement, la manière dont les médias présentent ces réformes façonne souvent la perception collective. Les reportages, les débats télévisés et les articles de presse influencent la manière dont les citoyens perçoivent ces réformes, créant ainsi une dynamique complexe entre la sphère politique et la société. L'opinion publique n'est pas homogène et peut varier considérablement en fonction des orientations politiques, des niveaux de compréhension économique et des expériences individuelles. La diversité des points de vue au sein de la population française crée un paysage complexe où différentes interprétations des réformes coexistent. La façon dont les médias traitent ces sujets influence également la polarisation de l'opinion, pouvant conduire à des débats passionnés et parfois houleux au sein de la société. Il est donc essentiel d'analyser de manière critique la présentation médiatique des réformes, en mettant en lumière les biais potentiels et les discours stéréotypés qui peuvent nuire à une compréhension juste et équilibrée. Par ailleurs, les réseaux sociaux jouent un rôle croissant dans la formation de l'opinion publique, offrant un espace pour des discussions intenses et des partages d'informations parfois peu fiables. Il est impératif de considérer l'impact de ces plateformes sur la perception collective des réformes, tout en reconnaissant la diversité des voix et des expériences qui y sont exprimées. Enfin, il est essentiel pour une démocratie de promouvoir une culture médiatique critique, encourager la diversité des opinions et favoriser des débats civilisés et respectueux, afin de garantir une compréhension éclairée et équilibrée des réformes politiques.

Cas d'étude : Réactions régionales face aux réformes

Les réformes politiques et économiques initiées par le gouvernement ont suscité des réactions hétérogènes à travers les différentes régions de la France. Pour analyser ces réactions de manière approfondie, nous avons étudié plusieurs cas représentatifs qui mettent en lumière la diversité des perceptions et des défis rencontrés face à ces changements.

Dans le département rural du Lot-et-Garonne, par exemple, les réformes liées à l'agriculture et à l'environnement ont soulevé de vives inquiétudes parmi les agriculteurs traditionnels. Ces acteurs locaux redoutent une perte de leur mode de vie traditionnel face à des mesures perçues comme favorisant les grandes exploitations au détriment des exploitations familiales. Les tensions entre les partisans des réformes et ceux qui s'y opposent se sont manifestées à travers des manifestations et des actions syndicales, reflétant ainsi les bouleversements profonds ressentis au niveau local.

En revanche, dans les métropoles dynamiques telles que Lyon et Toulouse, les réformes visant à moderniser les infrastructures urbaines et à stimuler l'innovation ont été accueillies avec un certain enthousiasme. Les citoyens et les entrepreneurs perçoivent ces changements comme des opportunités de développement et de progrès économique. Cependant, des préoccupations émergent concernant la préservation des tissus sociaux et des quartiers populaires face à la gentrification induite par ces politiques de rénovation urbaine.

À travers ces exemples contrastés, il apparaît clairement que les réformes nationales ne peuvent être appréhendées de manière uniforme. Les réalités socio-économiques, culturelles et historiques propres à chaque région influencent grandement la réception des initiatives gouvernementales. Comprendre ces réactions régionales constitue un enjeu majeur pour saisir la complexité des dynamiques socio-politiques à l'œuvre et pour élaborer des politiques plus inclusives et ancrées dans les réalités locales.

La voix des syndicats et des corps professionnels

Lorsque l'on aborde les réformes sociétales majeures, il est essentiel de prêter une oreille attentive aux préoccupations exprimées par les syndicats et les différents corps professionnels. En effet, ces acteurs jouent un rôle crucial dans la représentation des salariés et la défense de leurs intérêts face aux changements structurels qui peuvent impacter leur quotidien. Les réformes économiques, sociales ou politiques influencent directement les conditions de travail, les droits des travailleurs, ainsi que l'organisation des différentes professions. Ainsi, les syndicats deviennent les porte-parole des inquiétudes exprimées au sein des secteurs clés de l'économie, relayant les réactions et résistances rencontrées dans le cadre des négociations avec les instances gouvernementales. De même, les corps professionnels, qu'il s'agisse de professions libérales, d'artisans, de commerçants ou d'autres métiers spécifiques, apportent une perspective singulière sur l'impact des réformes envisagées sur leur activité et leur positionnement au sein du tissu économique national. Leurs témoignages et leurs confrontations avec les nouvelles législations offrent des indications précieuses quant aux conséquences concrètes des réformes, mais aussi sur les ajustements nécessaires pour favoriser une transition équilibrée. C'est ainsi que s'instaure un dialogue riche et complexe entre les forces en présence, cherchant à concilier les aspirations individuelles et collectives avec les orientations politiques en cours. Cette dynamique met en lumière la nécessité de prendre en considération les différentes sensibilités et réalités professionnelles pour garantir l'efficacité et la légitimité des réformes adoptées. L'écoute et la prise en compte des positions des syndicats et des corps professionnels demeurent donc des aspects cruciaux dans la mise en œuvre de réformes justes et équilibrées, où chaque voix contribue à façonner les contours d'une société en évolution.

L'impact économique des réformes sur les différentes strates sociales

Les réformes économiques suscitent souvent des débats passionnés, en particulier en ce qui concerne leur incidence sur les différentes couches de la société. Lorsque nous examinons l'impact économique des réformes sur les différentes strates sociales, il est essentiel de reconnaître que chaque segment de la population peut réagir différemment en fonction de sa situation économique et de ses intérêts propres. Les réformes peuvent toucher la classe ouvrière, la classe moyenne, les entrepreneurs, ainsi que les personnes précaires et marginalisées. Nous devons étudier attentivement comment ces changements influencent leurs sources de revenus, leur accès aux services publics, leur niveau d'endettement, et leur capacité à couvrir leurs besoins fondamentaux. Par exemple, pour la classe ouvrière, les réformes du marché du travail peuvent avoir un impact direct sur la sécurité de l'emploi, les niveaux de salaire et les conditions de travail. Pour la classe moyenne, les réformes fiscales peuvent affecter directement le pouvoir d'achat, l'épargne et les investissements. De plus, les entrepreneurs et les petites entreprises peuvent être confrontés à des défis spécifiques liés à la régulation et à l'accès au crédit. En ce qui concerne les personnes vulnérables, les réformes du système de protection sociale peuvent avoir des conséquences directes sur leur accès aux soins de santé, au logement et à l'aide sociale. Il est crucial de prendre en compte ces diverses réalités lors de l'évaluation de l'impact des réformes économiques. Par ailleurs, il est essentiel de reconnaître que certaines strates sociales sont moins équipées pour faire face aux changements économiques. Ainsi, les réformes peuvent amplifier les inégalités et aggraver la précarité de certains groupes. Qu'il s'agisse de mesures d'austérité, de libéralisation économique ou de transformation structurelle, comprendre l'impact différencié sur les différentes strates sociales est essentiel pour évaluer la justice et l'équité des politiques économiques mises en œuvre. Dans le prochain segment, nous approfondirons cette analyse en examinant de près les mouvements de protestation, offrant une perspective sociologique cruciale sur la réaction des différentes strates sociales aux réformes économiques.

Les mouvements de protestation: une analyse sociologique

Les mouvements de protestation ont toujours été un reflet poignant des dynamiques sociétales en France. Depuis les premières grèves ouvrières jusqu'aux marches citoyennes actuelles, ces manifestations ont incarné la voix des mécontents, souvent porteurs d'un sentiment de désillusion et d'injustice. Cette analyse sociologique vise à examiner non seulement les motifs apparents de ces mouvements, mais aussi à explorer les profondes racines culturelles et économiques qui sous-tendent ces expressions publiques. Dès lors, il est impératif de reconnaître que ces protestations ne se limitent pas à de simples revendications politiques ou économiques. Elles cristallisent également des questionnements identitaires, des frustrations accumulées et une quête insatiable d'égalité et de dignité. En scrutant les mouvements sociaux récents, nous observons une diversité remarquable de participants, allant des jeunes aux retraités, des travailleurs précaires aux professions libérales. Ce patchwork humain révèle l'ampleur du malaise social qui traverse les différentes strates de la société française. Les signes de désenchantement et de désillusion sont clairement perceptibles, mais au-delà de cela, ces manifestations offrent une fenêtre inestimable sur les fractures et les aspirations profondes de notre société. Une attention particulière sera réservée à la dimension géographique de ces mouvements: des périphéries urbaines aux zones rurales, chaque lieu déploie ses propres spécificités socio-économiques qui se reflètent dans les formes de protestation. L'acuité de cette analyse sociologique réside également dans la compréhension des réponses gouvernementales face à ces mouvements. La répression, le dialogue, les concessions, autant de stratégies qui dessinent le rapport de force entre les acteurs sociaux et politiques. Parmi les défis contemporains, figure en bonne place la difficile conciliation entre légitimité démocratique et efficacité gouvernementale. Cette perspective plus large sur les mouvements de protestation dévoile un tissu social foisonnant, complexe et parfois tumultueux, mais porteur d'une vitalité citoyenne à laquelle il faut accorder toute l'attention requise.

Dialogue entre le gouvernement et les citoyens: échecs et réussites

Le dialogue entre le gouvernement et les citoyens est un élément crucial de toute démocratie fonctionnelle. Lorsqu'il s'agit de réformes majeures, une communication ouverte et transparente peut faire la différence entre l'acceptation et la résistance. Cependant, ce processus est complexe et parfois parsemé d'obstacles. Dans cette section, nous examinerons les divers aspects du dialogue entre le gouvernement et les citoyens, en mettant en lumière à la fois les échecs et les réussites qui ont marqué cette interaction.

Tout d'abord, il est essentiel de reconnaître que le manque de communication entre les instances gouvernementales et la population peut conduire à des incompréhensions et à des tensions. Les promesses non tenues, les décisions unilatérales et le manque de consultation préalable peuvent nourrir un sentiment de méfiance et de frustration au sein de la société. De nombreux mouvements de contestation ont pris naissance à cause de ces défaillances dans le processus de dialogue.

Pourtant, malgré ces échecs, il existe également des exemples de dialogue constructif ayant abouti à des avancées significatives. Des consultations publiques, des forums de discussion et des initiatives de participation citoyenne ont permis de mieux comprendre les préoccupations de la population et ont conduit à des ajustements bénéfiques dans certaines réformes. Ces réussites ont souvent été le fruit d'une volonté politique d'écouter et de prendre en compte les avis divergents et les inquiétudes légitimes.

Cependant, il est évident que le chemin vers un dialogue authentique et fructueux est semé d'embûches. Les intérêts politiques, les contraintes temporelles et les agendas partisans peuvent compromettre la qualité du dialogue. Par conséquent, des mécanismes de transparence et de reddition de comptes sont indispensables pour garantir l'efficacité de ce processus. Ce bilan contrasté du dialogue entre le gouvernement et les citoyens souligne l'importance cruciale d'une communication ouverte, honnête et inclusive dans le contexte de réformes sociétales. En fin de compte, c'est la capacité à intégrer les voix plurielles de la société qui détermine la légitimité et la durabilité des réformes entreprises.

Le rôle de l'éducation dans la compréhension des réformes

L'éducation joue un rôle primordial dans la manière dont les réformes politiques sont appréhendées et assimilées au sein de la société. En effet, le système éducatif influence la perception des citoyens face aux changements et aux enjeux sociaux, économiques et politiques qui en découlent. Il convient donc d'analyser en profondeur le fonctionnement actuel de l'éducation en France, ainsi que son impact sur la compréhension des réformes. Dans cette optique, il est nécessaire d'examiner la façon dont les programmes scolaires abordent les questions politiques, économiques et sociales. Une formation civique complète et approfondie est essentielle pour permettre aux jeunes générations de comprendre les enjeux complexes auxquels la nation est confrontée. Cela inclut l'enseignement des institutions démocratiques, des mécanismes politiques, ainsi que l'économie et la sociologie. En outre, il est vital de valoriser la pensée critique et l'esprit d'analyse chez les élèves afin qu'ils puissent appréhender de manière autonome les réformes mise en place par le gouvernement. Par ailleurs, il est primordial de considérer l'accès à l'éducation comme un levier essentiel pour la cohésion sociale et la compréhension mutuelle au sein de la population. Des efforts doivent être déployés pour garantir une éducation de qualité, accessible à tous, sans discrimination ni inégalité. L'inclusion de matières telles que l'histoire, la philosophie politique et l'économie dans les programmes scolaires peut permettre aux apprenants de développer une vision éclairée des réalités nationales et internationales. La formation des enseignants revêt également une importance capitale dans ce processus, car ils ont un rôle clé à jouer dans la transmission d'une connaissance approfondie des enjeux contemporains. En conclusion, l'éducation occupe une place centrale dans la compréhension des réformes politiques et sociales. C'est à travers un système éducatif inclusif, engagé et progressiste que la société peut espérer former des citoyens éclairés, critiques et responsables, capables de contribuer positivement à l'évolution de leur pays.

Conclusion: Synthèse des sentiments nationaux et perspectives futures

La conclusion de cette analyse approfondie des réformes et des réactions qui en ont découlé nous amène à considérer divers aspects cruciaux concernant les sentiments nationaux et les perspectives pour l'avenir de la France. En parcourant les méandres complexes des réformes politiques et économiques, il devient évident que ces changements ont suscité une large gamme de sentiments au sein de la société française. Certains ont perçu ces mesures comme une opportunité de renouveau et de progrès, tandis que d'autres les ont ressenties comme des atteintes à leurs acquis et à leur qualité de vie. Cette dichotomie émotionnelle a découlé de facteurs multiples tels que la perception personnelle, l'influence médiatique et le niveau de compréhension des enjeux socio-économiques en jeu.

DISSOLUTION ET ESPOIRS D'UN RENOUVEAU DÉMOCRATIQUE

La dissolution, acte de dissoudre un organe, en l'occurrence le Parlement dans le contexte politique français, est une décision constitutionnelle aux conséquences majeures. Ce recours rare, mais historiquement significatif, est motivé par divers facteurs qui trouvent leurs racines dans les mécanismes de gouvernance nationale. La décision de dissolution émane souvent d'une conjoncture politico-institutionnelle complexe, façonnée par des dynamiques multiples et, parfois, contradictoires. Les déclencheurs de cette mesure extraordinaire sont souvent liés à des impasses politiques ou des discordances majeures entre les différents organes de l'État. La volonté d'obtenir un nouveau mandat présidentiel, l'épuisement des relations entre le pouvoir exécutif et législatif, ou encore des crises sociopolitiques profondes peuvent être à l'origine de cette démarche exceptionnelle. La dissolution peut également être favorisée par des enjeux partisans, notamment lorsqu'une majorité présidentielle souhaite consolider sa position ou obtenir un soutien plus solide au sein de l'Assemblée nationale. Ces considérations politiques peuvent s'entremêler avec des aspirations pour un renouveau démocratique, où l'expression directe de la volonté populaire prendrait le pas sur des dynamiques institutionnelles sclérosées. Ainsi, la dissolution n'est pas seulement un acte de désagrégation des organes politiques, mais aussi une opportunité potentielle de régénération démocratique, sous réserve d'une mobilisation citoyenne active et informée. Dans ce contexte, il est fondamental d'analyser les précédents de dissolution, afin de comprendre les enjeux, les défis et les opportunités que cela suscite pour la démocratie française.

Analyse historique des précédents de dissolution

La décision de dissoudre l'Assemblée Nationale est une mesure constitutionnelle exceptionnelle. Pour comprendre pleinement son impact sur le paysage politique français, il est essentiel de se pencher sur les précédents historiques de dissolution et d'analyser les conséquences de ces actions passées. Remontons dans le temps pour explorer comment les dissolutions antérieures ont façonné l'évolution du système politique français. L'un des exemples majeurs reste la dissolution de 1958 par le Général de Gaulle. Cette décision a marqué un tournant dans l'histoire politique de la France en ouvrant la voie à l'avènement de la Cinquième République. En remontant encore plus loin, nous pouvons également étudier la dissolution de 1849 sous la Deuxième République, qui a été suivie par un coup d'État et l'établissement du Second Empire. Ces épisodes historiques offrent un éclairage crucial sur les dynamiques politiques, les tensions sociales et les aspirations démocratiques qui ont jalonné l'histoire de la France. En examinant de près ces précédents, nous pouvons mieux anticiper les répercussions potentielles de la dissolution actuelle et appréhender son influence sur la trajectoire future de la démocratie française.

Le pouvoir présidentiel en action

Le pouvoir présidentiel a toujours été l'un des sujets les plus débattus et controversés de la politique française. Ce chapitre se penchera sur l'évolution et l'exercice du pouvoir présidentiel dans le contexte actuel, mettant en lumière ses implications sur la démocratie et la gouvernance. Depuis la création de la Cinquième République en 1958, le président français détient un pouvoir considérable, symbolisant à la fois l'unité nationale et incarnant le visage de la France sur la scène internationale. Cependant, cette concentration de pouvoir entre les mains d'une seule personne a suscité des inquiétudes concernant la démocratie et la séparation des pouvoirs. En période de dissolution, ces préoccupations sont exacerbées alors que le président exerce ses prérogatives constitutionnelles pour dissoudre l'Assemblée nationale. La question de l'équilibre des pouvoirs et de la responsabilité est fortement mise en avant. L'influence du pouvoir présidentiel s'étend également aux nominations clés, aux décisions bureaucratiques et à la gestion des crises nationales. L'autorité présidentielle joue un rôle décisif dans la formation des politiques publiques et dans la conduite des affaires étrangères. Cette centralisation du pouvoir présente à la fois des avantages et des inconvénients. D'une part, elle permet une prise de décision rapide et efficace, indispensable dans un pays confronté à des défis complexes et changeants. D'autre part, cela soulève des questions sur la représentativité démocratique et la pluralité des voix au sein de la sphère politique. En analysant le pouvoir présidentiel en action, il est crucial de tenir compte des limites constitutionnelles et des contre-pouvoirs, tels que le Parlement, le Conseil constitutionnel et les médias. Ces institutions jouent un rôle essentiel dans la surveillance et l'équilibrage du pouvoir présidentiel afin de garantir la tenue d'un débat public ouvert et transparent. Face à la dissolution et aux espoirs d'un renouveau démocratique, l'examen approfondi du pouvoir présidentiel offre un éclairage précieux sur la dynamique politique actuelle et les tenant et aboutissants du processus de gouvernance.

Répercussions immédiates sur le paysage politique

Les répercussions immédiates d'une dissolution politique sont plurielles, affectant profondément le paysage politique et alimentant des interrogations quant à l'avenir de la nation. Tout d'abord, une atmosphère de turbulence s'installe au cœur des institutions, où les débats enflammés se mêlent aux calculs politiques les plus ardus. Les partis traditionnels se voient contraints de reconfigurer leurs stratégies et alliances, tandis que de nouvelles forces émergent avec un discours inédit, suscitant à la fois la fascination et l'inquiétude.

Toutefois, il convient de souligner que cette période d'incertitude favorise également une intense réflexion au sein de la société. Les citoyens se voient confrontés à une multitude de discours politiques contradictoires, les incitant à questionner leurs valeurs et leurs convictions. Par conséquent, des débats passionnés animent les cafés, les lieux de travail et les réseaux sociaux, témoignant d'une effervescence intellectuelle et citoyenne auparavant insoupçonnée.

Par ailleurs, les répercussions de la dissolution ne peuvent être appréhendées sans considérer leurs effets sur la scène internationale. En effet, cette période troublée engendre une forme d'interrogation et d'attente chez les alliés de la France, cherchant à comprendre et anticiper l'évolution politique du pays. De ce fait, des partenariats historiques peuvent être remis en question, ou au contraire renforcés, témoignant de l'impact global de ces événements sur l'équilibre géopolitique.

En somme, les répercussions immédiates sur le paysage politique suite à une dissolution sont manifestes à tous les niveaux de la société. Elles exercent une influence indéniable sur les sphères institutionnelles, citoyennes et internationales, instaurant un climat d'instabilité propice à la transformation et à la redéfinition des repères politiques. La vitalité démocratique française se trouve ainsi mise à l'épreuve, mais aussi régénérée par ce tourbillon d'événements qui laisse présager une ère nouvelle pour la nation.

L'opinion publique face à la dissolution

L'annonce d'une dissolution politique ne peut se dérouler sans susciter une réaction vive au sein de l'opinion publique. Face à cette mesure exceptionnelle, les citoyens vivent un moment de tension et de remise en question. La dissolution, en brisant le cours habituel des affaires politiques, vient secouer les bases même de la démocratie, plaçant ainsi les électeurs au cœur de ce bouleversement. Les premières réactions sont souvent empreintes de surprise, de méfiance, voire de colère, traduisant une réelle inquiétude quant aux conséquences de cet acte radical. L'impact immédiat sur la psyché collective est indéniable : une certaine dose d'incertitude s'installe, alimentant les débats passionnés au sein des foyers, sur les réseaux sociaux, dans les cafés et les lieux de travail. Chacun se fait l'écho de ses préoccupations, exprimant des craintes liées à l'avenir de la nation et l'efficacité de la démarche entreprise. La dissolution divise, interpelle, et appelle à une réflexion profonde sur les principes fondamentaux de la gouvernance démocratique. Les voix s'élèvent pour questionner la légitimité de cette décision, soulignant le besoin crucial d'un dialogue franc et ouvert entre les gouvernants et les gouvernés. Toutefois, parallèlement à ces inquiétudes, on observe également l'émergence d'un sentiment d'espoir, porté par la perspective d'un réveil démocratique, d'une possible renaissance des idéaux républicains. Cette dynamique paradoxale reflète la complexité des réactions face à un événement de cette envergure. L'opinion publique, loin d'être uniforme, se révèle plurielle, traversée par des courants contrastés et des aspirations diverses. C'est dans ce maelström d'émotions et de questionnements qu'émerge le véritable visage de la démocratie : vibrant, changeant, et résolument humain.

Impact sur les mouvements populaires et les réactions citoyennes

Cette crise politique majeure a engendré une effervescence inédite au sein des mouvements populaires et des réactions citoyennes. À travers le spectre de la dissolution, la société s'est trouvée face à un précipice où les voix se sont élevées avec passion et engagement. Les manifestants ont convergé vers les places emblématiques des villes, portant haut les revendications de transparence, de justice et d'équité. La dissolution a été perçue comme un catalyseur de mobilisation, amplifiant les débats au sein de la sphère publique et suscitant un sentiment collectif d'urgence démocratique.

Les réactions citoyennes ont fait écho à une profonde oscillation entre espoir et méfiance. Si certains ont exprimé un optimisme résolu quant à l'opportunité de repenser le contrat social et politique, d'autres ont manifesté une inquiétude quant à l'instabilité croissante. L'incertitude planant sur l'avenir politique du pays a généré une polarisation des opinions, alimentant des tensions exacerbées au sein de la société. Des débats intenses ont éclaté dans tous les domaines de la vie sociale, de la famille aux institutions, reflétant ainsi l'ampleur des questionnements soulevés par ce tournant historique.

Parallèlement, les mouvements populaires ont pris une dimension novatrice, marquant une volonté affirmée de repenser les formes d'engagement et de participation citoyenne. Des initiatives locales ont émergé, portées par une aspiration collective à rétablir un dialogue inclusif et constructif. Les partenariats entre les différentes strates de la société se sont renforcés, soulignant ainsi la montée en puissance d'une volonté partagée de remodeler la démocratie selon des principes d'ouverture, de responsabilité et de solidarité.

En somme, les impacts sur les mouvements populaires et les réactions citoyennes révèlent un profond désir de transformation et de réappropriation de la sphère politique. Le renouveau démocratique attendu trouve ses racines dans cette effervescence sociale, véritable reflet d'une société en quête de sens, de cohésion et d'égalité. Toutefois, les fractures apparues dans le sillage de la dissolution soulignent également l'impératif de construire un consensus durable, de forger des ponts entre les diverses sensibilités et de restaurer la confiance mutuelle. Ainsi, l'élan impulsé par les mouvements populaires et les réactions citoyennes trace les contours d'une renaissance démocratique, appelant à une vigilance collective et à une mesure commune dans la recherche de solutions durables.

Le rôle des médias dans la diffusion des événements

Dans une ère de communication instantanée et d'omniprésence médiatique, l'influence des médias sur la diffusion des événements politiques ne saurait être sous-estimée. Les médias jouent un rôle décisif dans la formation de l'opinion publique et la mise en lumière des enjeux sociaux et politiques. En période de dissolution et d'espoirs de renouveau démocratique, leur impact s'avère crucial.

Les médias traditionnels tels que la presse écrite, la radio et la télévision demeurent des acteurs majeurs dans la transmission de l'information politique. Leurs analyses, reportages et débats contribuent à façonner le discours public et à éclairer les citoyens sur les tenants et aboutissants des événements liés à la dissolution. Cependant, avec l'avènement des plateformes numériques et des réseaux sociaux, un nouveau paysage médiatique a émergé, permettant une diffusion rapide et massive des actualités. Cette ubiquité de l'information a redéfini la nature de l'influence médiatique.

Parallèlement, le rôle des médias dans la diffusion des événements politiques soulève des questions éthiques et déontologiques. La nécessité d'une information impartiale et vérifiée se confronte parfois aux impératifs de l'audience et de l'attrait commercial. Ainsi, la propension à la dramatisation ou à l'amplification de certains aspects des événements peut altérer la perception du public et influencer le débat démocratique. Il apparaît alors impératif pour la presse et les médias en général de préserver leur indépendance et leur objectivité afin d'assurer une information juste et équilibrée.

En outre, la diversité des sources médiatiques offre des voix plurielles, permettant une confrontation d'idées et une vigueur démocratique accrue. Toutefois, cette pluralité peut également donner lieu à une dispersion de l'attention et à des discours contradictoires, complexifiant la compréhension des événements politiques. Ainsi, la capacité du public à distinguer les informations fiables des fake news ou des discours manipulateurs est devenue un enjeu crucial pour la préservation du débat démocratique.

Finalement, l'évolution rapide et continue des médias et de leur rôle dans la diffusion des événements politiques interpelle la citoyenneté contemporaine. Face à cette profusion d'informations et à cette omniprésence des médias, il revient aux individus de faire preuve d'un esprit critique aiguisé et d'une participation active au débat public. Car, au-delà de leur influence, les médias demeurent le reflet des sociétés qu'ils informent et orientent. En ce sens, la compréhension du rôle des médias dans la diffusion des événements politiques est fondamentale pour la préservation d'une démocratie informée et engagée.

Les défis du renouveau démocratique anticipé

L'avènement d'un renouveau démocratique suscite autant d'espoirs que de défis à relever pour la société française. La dissolution politique représente une étape cruciale dans cette quête, mais les défis qui se profilent à l'horizon exigent une réflexion profonde et une action concertée. Parmi ces défis, la reconstruction d'un consensus national apparaît comme une entreprise ardue. Les clivages politiques et idéologiques, exacerbés par les événements précédents, ont profondément marqué la conscience collective et fragilisé la confiance envers les institutions. Ainsi, le renouveau démocratique implique inévitablement un travail de réconciliation et d'inclusion pour bâtir un socle commun solide. Par ailleurs, la restauration de la légitimité politique constitue un enjeu majeur. Les citoyens aspirant à une gouvernance transparente et représentative, il incombe aux acteurs politiques de restaurer la confiance en proposant des réformes significatives et en intégrant activement les préoccupations citoyennes dans l'agenda politique. De plus, la promotion d'une participation citoyenne active et informée demeure essentielle pour garantir la pérennité du renouveau démocratique. Cela nécessite un effort soutenu pour éduquer, outiller et encourager les citoyens à s'impliquer dans la vie publique, et à exercer pleinement leur rôle de gardiens de la démocratie. Enfin, la consolidation du renouveau démocratique passe par une refonte des pratiques politiques, en vue d'instaurer une gouvernance empreinte d'éthique et de responsabilité. La transparence, l'intégrité et la reddition de comptes devront constituer les piliers d'une nouvelle ère politique, capable de rétablir la confiance entre les gouvernants et les gouvernés. Ces défis appellent à une mobilisation collective, transcendant les clivages partisans au profit d'un projet commun de refondation démocratique. Seule une volonté collective et déterminée pourra permettre de surmonter ces obstacles et de faire advenir un renouveau démocratique authentique, à même d'assurer l'avenir harmonieux de la nation française.

Perspectives et possibles scénarios post-dissolution

Suite à une dissolution, le paysage politique d'un pays peut connaître des transformations majeures. Les possibles scénarios post-dissolution représentent un enjeu crucial pour l'avenir démocratique du pays. Les perspectives qui s'offrent à la nation sont variées et souvent chargées de tensions. Tout d'abord, l'émergence de nouvelles forces politiques est envisageable. La dissolution ouvre la voie à de potentiels bouleversements dans la répartition du pouvoir au sein de la classe politique. De nouveaux partis ou mouvements peuvent apparaître, remettant en question l'équilibre établi. Cette diversification peut apporter un souffle nouveau mais également susciter des craintes quant à la stabilité gouvernementale.

Parallèlement, la résurgence de thématiques sociétales et politiques jusqu'alors peu médiatisées pourrait également survenir. Des débats autour de sujets tels que l'immigration, l'économie, l'éducation ou l'environnement pourraient prendre une place prépondérante, impulsant ainsi un nouvel élan de dialogue social. Néanmoins, cette effervescence peut également être propice à la montée de discours extrémistes ou à la polarisation de la société, engendrant des divisions plus profondes.

En outre, les élections anticipées consécutives à la dissolution pourraient marquer un tournant décisif. L'expression populaire à travers les urnes pourrait façonner un paysage politique inédit, reflétant les aspirations et les préoccupations actuelles. Cependant, ce processus électoral requiert une vigilance accrue, car il peut être propice à des manipulations ou des interférences extérieures visant à altérer le cours démocratique des événements.

Enfin, les perspectives post-dissolution impliquent nécessairement une réflexion approfondie sur l'unité nationale. La reconstruction du consensus social et politique est une étape déterminante pour la cohésion du pays. Ces scénarios peuvent contribuer soit à une consolidation des valeurs démocratiques et des institutions républicaines, soit à un affaiblissement de la confiance citoyenne envers le système politique en place. Ainsi, les possibles scénarios post-dissolution nécessitent une analyse prospective rigoureuse afin d'anticiper et de comprendre les dynamiques à l'œuvre, tout en préservant l'intégrité et la vitalité de la démocratie.

Conclusion : Vers une démocratie renforcée ?

Les récentes remous politiques suscités par la dissolution ont inévitablement incité de vifs débats sur l'orientation de notre démocratie. Alors que certains observateurs craignent que cette phase de transition ne fasse qu'exacerber les divisions déjà présentes au sein de la société, d'autres restent optimistes quant à l'émergence d'une démocratie renforcée. La clé réside dans la manière dont ces tensions et forces en présence seront canalisées pour forger un avenir plus solide et inclusif pour tous les citoyens français.

La dissolution a ouvert la voie à une période de reconfiguration politique, offrant une occasion sans précédent de repenser les fondements de notre système politique. En réunissant les différentes voix et perspectives qui alimentent le débat public, nous sommes à un carrefour crucial où les décisions prises auront un impact durable sur la forme future de notre démocratie. Il est impératif que les acteurs politiques, les leaders communautaires et les citoyens ordinaires s'engagent activement dans ce processus de reconstruction démocratique.

Parmi les scénarios envisageables, certaines pistes suggèrent que la dissolution pourrait favoriser une consolidation des principes démocratiques en mettant l'accent sur la responsabilité gouvernementale et la transparence. Cependant, il est tout aussi essentiel de tenir compte des défis potentiels, notamment ceux liés à la polarisation accrue et aux tensions sociales persistantes. Pour vraiment renforcer notre démocratie, il est nécessaire de promouvoir une culture du dialogue, de la compréhension mutuelle et de la coopération entre tous les acteurs impliqués.

Au-delà des aspects purement politiques, une démocratie renforcée engloberait également une réforme institutionnelle significative visant à garantir l'égalité des chances et la représentativité de chaque individu au sein de la sphère publique. Cela nécessiterait une évaluation approfondie des mécanismes de gouvernance, ainsi qu'une réflexion critique sur la manière dont les institutions peuvent être améliorées pour mieux répondre aux besoins diversifiés de la population française.

En conclusion, le chemin vers une démocratie renforcée ne sera pas sans embûches, mais c'est un trajet vital que notre nation doit entreprendre. La dissolution peut être perçue comme une opportunité de réaffirmer nos engagements démocratiques fondamentaux et de revitaliser notre tissu social. Si nous embrassons avec détermination cet objectif commun de renouveau démocratique, nous pourrions bien inaugurer une ère de progrès et d'unité pour la France.

Mobilisation des forces : le rôle de la gauche et des syndicats

Contexte de mobilisation

L'EXAMEN DU CONTEXTE DE la montée en puissance des mouvements sociaux à la lumière des récents bouleversements politiques révèle une dynamique complexe et profondément enracinée. Alors que la France fait face à des défis économiques et sociaux d'envergure, les mouvements de gauche et les syndicats ont joué un rôle crucial dans la mobilisation de la population et la contestation des politiques gouvernementales. Cette dynamique est intimement liée à l'histoire récente des mouvements sociaux, façonnée par des événements marquants tels que les crises économiques, les réformes structurelles et les changements de gouvernement. En examinant ces éléments, il devient clair que le contexte de mobilisation actuel est le produit d'une longue période de tensions et de mutations au sein de la société française.

Histoire récente des mouvements de gauche et syndicaux

Les mouvements de gauche et les syndicats en France ont une histoire riche et complexe, façonnée par des décennies de luttes, de revendications et d'évolutions politiques. La fin du 20e siècle a vu émerger une série de mouvements sociaux et politiques qui ont laissé une empreinte indélébile sur la scène nationale. La montée en puissance des mouvements ouvriers au cours de cette période a influencé de manière significative les dynamiques de la politique française. La gauche, représentée par différents partis politiques et organisations syndicales, a souvent été à l'avant-garde des mobilisations sociales visant à défendre les droits des travailleurs, à promouvoir l'égalité sociale et à contester les politiques économiques jugées inéquitables.

Durant les dernières décennies, les mouvements de gauche et les syndicats ont été témoins de nombreux événements marquants, tels que les grèves générales, les manifestations massives, et les négociations pour l'amélioration des conditions de travail. Ces moments clés ont contribué à forger l'identité et la mission des mouvements sociaux et politiques participant activement aux débats publics et influençant le paysage politique.

Cependant, ces mouvements ont également subi des transformations importantes, notamment avec l'émergence de nouvelles formes de militantisme et l'adaptation aux changements économiques et sociaux. Les années récentes ont été marquées par une diversification des revendications portées par la gauche et les syndicats, englobant des enjeux tels que l'environnement, les droits des minorités, et les questions de justice sociale. Ces évolutions ont reflété une volonté d'élargir les domaines d'action et de s'adapter aux attentes changeantes de la société française.

En somme, l'histoire récente des mouvements de gauche et des syndicats en France est un récit complexe, mêlant luttes historiques, transformations socio-économiques et adaptation aux enjeux contemporains. Comprendre cette histoire est essentiel pour appréhender le rôle actuel et les défis futurs auxquels ces acteurs politiques et sociaux seront confrontés.

Analyse des motivations des syndicats dans le climat politique actuel

Dans le contexte politique actuel, l'analyse des motivations des syndicats offre un éclairage essentiel sur les dynamiques en jeu. Les syndicats, en tant que représentants des travailleurs, sont intrinsèquement liés à l'évolution des politiques gouvernementales et à l'environnement socio-économique. Leurs motivations découlent de la volonté de défendre les intérêts des travailleurs, de préserver les acquis sociaux et de promouvoir des conditions de travail équitables. La montée des tensions et des défis économiques a amplifié l'importance de leur rôle et a façonné leurs actions. Face aux réformes structurelles et aux mutations du marché du travail, les syndicats cherchent à s'adapter afin de demeurer pertinents et efficaces. Leur motivation repose sur une vision à long terme, mais également sur une réactivité aux événements et décisions politiques impactant directement les salariés. La défense des services publics, la lutte contre la précarité, et la recherche d'une juste redistribution des richesses s'affirment comme des piliers majeurs de leur action. Dans le climat politique actuel, marqué par des débats polarisés et des fractures idéologiques, les syndicats s'efforcent de se positionner en garants du dialogue social, prônant un équilibre entre revendications légitimes et préservation de la cohésion nationale. Leur motivation intrinsèque tient à l'aspiration à engager des négociations constructives avec les employeurs et le gouvernement pour aboutir à des compromis favorables à la classe ouvrière et aux catégories populaires.

L'impact des politiques gouvernementales sur les stratégies syndicales

Les politiques gouvernementales jouent un rôle déterminant dans l'évolution des stratégies syndicales. En effet, les mesures prises par le gouvernement en matière de travail, de protection sociale et de politique économique ont un impact direct sur la situation des travailleurs et sur les revendications des syndicats. Lorsqu'un gouvernement met en œuvre des réformes jugées néfastes par les syndicats, ceux-ci sont souvent amenés à durcir leur position et à intensifier leurs actions de protestation. Par exemple, la réforme des retraites proposée par le gouvernement a suscité une opposition massive des syndicats, entraînant des grèves et des manifestations d'envergure nationale.

En outre, l'attitude du gouvernement à l'égard du dialogue social et de la négociation collective peut également influencer la manière dont les syndicats articulent leurs revendications. Un gouvernement qui semble fermer les portes au dialogue et privilégier des décisions unilatérales pousse souvent les syndicats à durcir leur discours et leurs actions.

Par ailleurs, les politiques de flexibilité du marché du travail et de précarisation de l'emploi ont un impact majeur sur la capacité des syndicats à mobiliser les travailleurs. En effet, lorsque les emplois deviennent plus précaires et instables, les salariés peuvent craindre de perdre leur emploi s'ils participent à des mouvements de contestation. Cela complique la tâche des syndicats qui doivent alors trouver de nouvelles stratégies pour mobiliser et représenter efficacement les travailleurs.

En somme, l'impact des politiques gouvernementales sur les stratégies syndicales est indéniable. Les choix politiques en matière de travail, de protection sociale et de dialogue social façonnent le contexte dans lequel les syndicats évoluent et influencent directement leur capacité à défendre les intérêts des travailleurs. Comprendre cette dynamique est essentiel pour appréhender la nature des luttes syndicales et pour envisager des pistes de réflexion en vue d'une amélioration du dialogue social et de la protection des droits des travailleurs.

Coalition de la gauche: solidarité ou fragmentation?

La coalition de la gauche a longtemps été perçue comme un bastion de solidarité et d'unité dans le paysage politique français. Cependant, au cours des dernières décennies, des fissures ont commencé à apparaître au sein de cette coalition autrefois indéfectible. La montée du Rassemblement National et les défis posés par les réformes politiques et économiques ont exacerbé les tensions entre les différentes factions de la gauche, remettant en question l'idée même de solidarité. Les divergences idéologiques, stratégiques et même personnelles ont alimenté une fragmentation au sein de la gauche, affaiblissant sa capacité à offrir une alternative unie et cohérente aux politiques en place. Les partis traditionnels de gauche ont eu du mal à s'entendre sur des programmes communs, laissant entrevoir des dissensions profondes. Cette fragmentation n'est pas uniquement politique, elle se manifeste également sur le terrain social et syndical, où les revendications ou les modes d'action divergent, amplifiant la perception d'une gauche désunie. Cependant, malgré ces tensions internes, des tentatives de rassemblement et de convergence persistent. Des mouvements citoyens, des collectifs et des initiatives transpartisanes émergent pour tenter de recoudre le tissu déchiré de la gauche. Ils cherchent à redonner une voix unifiée à un courant politique en quête de renouveau et de cohésion. Ces efforts représentent l'espoir d'une renaissance possible pour une gauche qui, tout en étant confrontée à ses divisions, conserve son pouvoir d'influence et sa capacité à mobiliser. Ainsi, la coalition de la gauche oscille entre solidarité et fragmentation, exprimant une dualité complexe qui façonne son rôle et son impact sur la scène politique contemporaine.

Mobilisations majeures et leurs conséquences sociopolitiques

Les mobilisations majeures qui ont secoué la France au cours des dernières décennies n'ont pas seulement été le reflet de tensions sociales, mais ont également laissé des empreintes profondes sur le paysage sociopolitique. Qu'il s'agisse des grandes grèves ou des manifestations d'envergure nationale, ces événements ont incontestablement contribué à redéfinir les dynamiques de pouvoir et les rapports entre les différents acteurs politiques.

L'impact de telles mobilisations ne se limite pas à l'espace public, mais trouve également des résonances au sein des institutions étatiques. Les débats parlementaires, les prises de position des partis politiques et les ajustements législatifs sont autant de manifestations des vagues provoquées par ces mouvements sociaux. Au-delà des revendications spécifiques portées par les manifestants, ces actions collectives constituent des moments cruciaux où se dessinent, voire se bousculent, les contours du contrat social.

Par ailleurs, les mobilisations majeures ne se caractérisent pas uniquement par leur impact immédiat, mais aussi par leurs répercussions à plus long terme. Elles ont pu donner naissance à de nouveaux courants idéologiques, renforcer certains discours politiques ou fragiliser durablement la légitimité de certaines forces en place. Ces séismes sociaux ont ainsi témoigné des mutations en cours dans la société française, cristallisant des tensions jusqu'alors larvées et alimentant des débats essentiels sur l'avenir du pays.

Enfin, il convient d'analyser ces mobilisations majeures à l'aune de leurs implications internationales. En effet, les réactions de la communauté internationale face à ces événements ont participé à les inscrire dans un contexte global, mais ont également soulevé des questionnements quant à l'image de la France sur la scène internationale. Ainsi, l'analyse des conséquences sociopolitiques de ces mobilisations ne saurait faire l'impasse sur leur dimension à la fois nationale et internationale, éclairant ainsi les enjeux multiples qui marquent ces mouvements d'ampleur.

Réponses gouvernementales aux manifestations

Les manifestations sociales et les mouvements de protestation ont souvent été confrontés à des réponses diverses de la part des gouvernements. En France, ces réponses gouvernementales ont joué un rôle crucial dans la gestion des tensions et des revendications émanant des mobilisations de la gauche et des syndicats.

Lorsque les citoyens se mobilisent massivement pour exprimer leur mécontentement à l'égard des politiques publiques ou pour défendre leurs droits, le gouvernement est face à un défi complexe. La manière dont il réagit à ces manifestations façonne non seulement la perception publique mais a aussi un impact direct sur l'équilibre politique et social du pays.

Au fil de l'histoire contemporaine, les gouvernements français ont adopté différentes approches pour répondre aux manifestations. Certains ont opté pour le dialogue et la négociation, cherchant à apaiser les tensions et à trouver des solutions consensuelles. D'autres ont privilégié une attitude plus répressive, recourant parfois à des mesures de maintien de l'ordre musclées pour contenir les protestations.

Dans le contexte spécifique des mobilisations associées à la gauche et aux syndicats, les réponses gouvernementales ont oscillé entre la reconnaissance des revendications et la fermeté face à la contestation. Ces réactions sont souvent façonnées par des considérations politiques, économiques et sociales, ainsi que par la volonté de préserver une certaine autorité de l'État.

Les réponses gouvernementales aux manifestations ne se limitent pas seulement à l'action directe sur le terrain, mais englobent également la communication et la perception publique. Les discours officiels, les prises de position des représentants gouvernementaux et les stratégies de communication influencent fortement la manière dont les mouvements sociaux sont perçus par la population et les médias.

Il est essentiel d'analyser en profondeur les réponses gouvernementales aux manifestations afin de comprendre les dynamiques politiques et sociales qui en découlent. Ces réponses soulèvent des questions fondamentales sur la démocratie, la légitimité du pouvoir et l'articulation entre les institutions et la société civile. Elles mettent en lumière les enjeux de représentation, de dialogue et de responsabilité au sein d'une société en constante évolution.

En somme, les réponses gouvernementales aux manifestations jouent un rôle central dans la construction de la démocratie et de la citoyenneté. Elles reflètent les rapports de force, les tensions et les aspirations qui animent les sociétés contemporaines, tout en posant des défis majeurs pour la gouvernance et la cohésion sociale.

Le rôle des médias dans la perception des mouvements sociaux

Les médias jouent un rôle crucial dans la manière dont les mouvements sociaux sont perçus par le grand public. Leur capacité à influencer l'opinion publique et à façonner la narrative entourant les manifestations et les revendications syndicales est indéniable. En effet, la manière dont les médias couvrent ces événements peut avoir un impact significatif sur la compréhension générale des enjeux sociopolitiques qui y sont associés. La couverture médiatique des mouvements sociaux est souvent teintée de diverses perspectives et biais qui peuvent influencer la perception du public. Cette influence peut se manifester à travers le choix des sujets mis en avant, la sélection des témoignages diffusés, et l'angle rédactionnel adopté.

Il est essentiel de reconnaître que les médias ont le pouvoir de façonner l'opinion publique en fonction de leurs propres intérêts éditoriaux et commerciaux. Les médias traditionnels ainsi que les plateformes numériques sont responsables de la diffusion de l'information auprès d'une vaste audience, ce qui leur confère une influence considérable dans la construction de la perception collective des mouvements sociaux. Par conséquent, la manière dont les journalistes choisissent de présenter les événements en question peut avoir des répercussions profondes sur la manière dont les revendications syndicales et les actions de protestation sont interprétées par la population.

La tendance à privilégier certaines voix au détriment d'autres, ainsi que la propension à simplifier ou dramatiser les événements, peuvent contribuer à une représentation partielle ou biaisée des mouvements sociaux. De plus, la focalisation excessive sur les aspects sensationnalistes ou violents des manifestations peut conduire à une déformation de la réalité et à une stigmatisation des acteurs mobilisés. Il est donc primordial de considérer de manière critique la manière dont l'information est présentée et traitée par les médias, afin de saisir pleinement la complexité et la diversité des enjeux soulevés par les mouvements sociaux.

En outre, la montée en puissance des médias sociaux et des plateformes en ligne a profondément transformé la manière dont l'information est diffusée et consommée. Ces nouveaux canaux de communication offrent aux acteurs des mouvements sociaux la possibilité de contourner les médias traditionnels pour partager directement leurs perspectives et revendications. Cependant, cette décentralisation de l'information comporte également des risques, tels que la propagation de fausses informations ou la polarisation des opinions, soulignant ainsi la nécessité d'adopter une approche critique vis-à-vis des contenus médiatiques, quelle que soit leur source. En somme, la compréhension des mouvements sociaux est inextricablement liée à la manière dont ils sont médiatisés, et il revient à chacun de prendre du recul et d'analyser de manière rigoureuse les discours véhiculés par les médias pour se forger une opinion éclairée.

Perspectives d'avenir pour les syndicats et la gauche

La fin des mouvements sociaux et des mobilisations de la gauche et des syndicats ne signifie en aucun cas la fin de leur rôle dans la société. Au contraire, l'avenir réserve une toile de défis et d'opportunités qui nécessiteront une adaptation stratégique et une réévaluation des objectifs. Pour les syndicats, la question cruciale résidera dans leur capacité à maintenir leur légitimité et à représenter efficacement les travailleurs face à une économie en constante évolution. La mondialisation, les avancées technologiques et les transformations du marché du travail exigent une nouvelle approche pour défendre les intérêts professionnels. Cela impliquera une réflexion profonde sur la restructuration interne, l'élargissement des revendications et peut-être même une redéfinition du rôle des syndicats dans un paysage économique en mutation. Quant à la gauche politique, son avenir dépendra de sa capacité à se réinventer et à proposer des solutions crédibles aux défis contemporains. L'équilibre entre idéalisme et pragmatisme sera crucial, tout comme la capacité à rassembler une base électorale diversifiée autour d'une vision commune. La réconciliation des divers courants idéologiques au sein de la gauche devra être envisagée pour former un front uni capable de rivaliser avec les autres forces politiques. De plus, l'adaptation aux préoccupations émergentes telles que l'environnement, la protection sociale et l'inclusion sociale constituera un défi majeur pour la gauche politique. Dans l'ombre de ces défis, des opportunités se dessinent également. Les mouvements sociaux récents ont ravivé un sentiment de citoyenneté active et de participation démocratique. Ces élans de solidarité peuvent potentiellement servir de catalyseurs pour renforcer les alliances entre les syndicats, les partis politiques de gauche et les mouvements citoyens. La convergence des luttes sociales et environnementales offre également une plateforme pour une action collective concertée vers un changement sociétal progressiste. En somme, l'avenir des syndicats et de la gauche dépendra de leur capacité à se réinventer et à s'adapter aux réalités contemporaines tout en conservant leurs valeurs fondamentales. La construction de ponts entre les divers acteurs sociaux et politiques ainsi que la capacité à mobiliser les citoyens seront au cœur de leurs perspectives d'avenir.

Conclusion: Synthèse des forces en présence et défis futurs

L'avenir des syndicats et de la gauche en France est façonné par un contexte politique en constante évolution. Alors que ces acteurs historiques ont longtemps été des piliers de la lutte pour les droits des travailleurs et des citoyens, ils sont aujourd'hui confrontés à des défis sans précédent. La fragmentation idéologique et la diversité croissante des revendications rendent difficile la création d'une plateforme commune. Cependant, malgré ces obstacles, il existe également des opportunités inédites pour un renouveau et une consolidation des forces progressistes. En effet, la jeunesse engagée et les mouvements émergents montrent un désir ardent de changement, et les syndicats ainsi que les partis de gauche sont appelés à exploiter ce potentiel.

Un des enjeux majeurs réside dans la capacité à mobiliser efficacement autour d'une vision collective tout en reconnaissant la diversité des aspirations. Il est impératif d'adopter des stratégies novatrices pour rassembler les différents courants progressistes dans un effort commun. Les alliances entre les syndicats et les partis politiques nécessitent une redéfinition afin de répondre aux attentes des citoyens et de s'adapter à l'évolution sociétale.

Par ailleurs, les défis futurs incluent une nécessaire adaptation aux bouleversements économiques et technologiques. Les syndicats et la gauche devront s'engager activement dans la défense des droits des travailleurs face à la numérisation croissante du monde du travail. De même, la transition écologique exige une reconsidération des positions pour intégrer pleinement les préoccupations environnementales dans leur action politique.

Enfin, la question de la représentativité et de la légitimité demeure cruciale. Pour relever ces défis, il importe de restaurer la confiance des citoyens dans ces acteurs politiques en démontrant leur capacité à répondre efficacement aux enjeux contemporains. En somme, la synthèse des forces en présence laisse entrevoir des perspectives stimulantes et des opportunités pour un renouveau de la mobilisation sociale et politique en France. Le chemin vers un avenir plus juste et inclusif repose sur la capacité des syndicats et de la gauche à se réinventer et à bâtir des ponts entre leurs différentes composantes.

LA SOCIÉTÉ FRANÇAISE FACE AU SPECTRE DE LA FRAGMENTATION

Contextualisation de la fragmentation sociale

LA FRANCE, LONGTEMPS RECONNUE pour son attachement aux valeurs d'égalité et de fraternité, fait face à des défis croissants en matière de cohésion sociale. Pour comprendre pleinement les enjeux actuels, il est essentiel de replacer la fragmentation sociale dans un contexte historique et contemporain. Au fil des décennies, la société française a été le théâtre de profondes mutations démographiques, économiques et culturelles, influençant significativement sa structure sociale. L'héritage des bouleversements historiques, tels que les vagues de migrations, les conflits sociaux et politiques, ainsi que les évolutions économiques, a contribué à façonner les dynamiques de diversification sociale observées aujourd'hui. La période post-coloniale a également apporté des transformations majeures, marquées par l'arrivée de populations issues des anciennes colonies françaises, engendrant une pluralité culturelle et ethnique très présente dans la société contemporaine. En parallèle, l'avènement de la mondialisation a généré des mouvements migratoires massifs, accentuant davantage cette diversité au sein de la population française. De plus, les inégalités persistantes en termes d'accès à l'éducation, à l'emploi et au logement ont créé des clivages socio-économiques préoccupants, exacerbant les tensions sociales. Les récents bouleversements politiques, avec l'émergence de forces populistes, ont polarisé le débat public et participé à la montée des revendications identitaires. Face à ce constat, il apparaît indéniable que la société française traverse une période de remise en question profonde, confrontée à des défis cruciaux pour la préservation de son unité et de son harmonie sociale. Ainsi, la contextualisation de la fragmentation sociale s'avère essentielle pour appréhender les enjeux actuels et éclairer les voies vers une reconstruction du vivre-ensemble.

Analyse démographique de la diversification sociale

La société française est le reflet d'une diversité croissante qui émerge à travers une démographie en mutation. Cette transformation démographique joue un rôle prépondérant dans la redéfinition des dynamiques sociales et culturelles du pays. L'analyse démographique révèle une pluralité d'origines et d'identités au sein de la population, renforçant l'hétérogénéité des expériences individuelles et collectives. Les migrants, les enfants d'immigrés et les minorités ethniques contribuent à cette métamorphose sociétale, créant un tissu complexe de cohabitation et d'interaction entre différentes communautés. Par ailleurs, les tendances démographiques dénotent des disparités géographiques et socio-économiques marquées, mettant en lumière les clivages territoriaux et les inégalités structurelles qui façonnent la vie quotidienne des citoyens. Cette réalité démographique soulève des questions cruciales sur l'intégration, la représentativité politique, l'accès aux ressources et aux opportunités, ainsi que la reconnaissance des identités plurielles. En effet, cette diversification socio-démographique exige une réflexion approfondie sur les politiques publiques, les initiatives communautaires et les discours nationaux visant à consolider le vivre-ensemble dans un contexte de pluralisme toujours plus affirmé. La prise en compte des données démographiques devient ainsi impérative pour appréhender les enjeux inhérents à la construction d'une société inclusive et équilibrée, où chaque individu se sent concerné et représenté. Dans cette optique, une analyse fine des structures démographiques offre des perspectives essentielles pour mieux comprendre les enjeux de la coexistence multiculturelle et favoriser des actions concertées en faveur d'une cohésion sociale renforcée.

L'impact de l'économie sur la cohésion sociale

L'économie exerce une influence prépondérante sur la cohésion sociale, façonnant les interactions entre individus et communautés au sein de la société française. La répartition des richesses, l'accès à l'emploi, la sécurité économique et la mobilité sociale sont autant de variables qui déterminent le degré de cohésion au sein d'une société. En France, comme dans de nombreuses sociétés occidentales, les inégalités économiques ont exacerbé les tensions et contribué à la fragmentation de la société. Les disparités de revenus entre les différentes strates sociales ont engendré un sentiment d'injustice et de marginalisation, alimentant ainsi les clivages au sein de la population. La crise économique de ces dernières décennies a également engendré des phénomènes de précarisation, marginalisant une part croissante de la population et fragilisant les liens sociaux traditionnels. De plus, la mondialisation a entraîné des mutations économiques rapides, impactant certaines régions ou certaines catégories de la population de manière disproportionnée, ce qui a contribué à exacerber les fractures sociales. Par ailleurs, l'accès inégal aux opportunités économiques a alimenté un profond sentiment de frustration au sein des classes populaires et moyennes, renforçant ainsi les mouvements de contestation et de désillusion vis-à-vis des élites politiques et économiques. Enfin, le chômage, en particulier chez les jeunes, a eu pour conséquence une perte de confiance en l'avenir, creusant davantage les écarts entre les différentes générations. Ainsi, dans un contexte marqué par des transformations économiques majeures, il apparaît indispensable d'analyser attentivement les impacts de ces évolutions sur la cohésion sociale et de mettre en place des politiques visant à atténuer les effets néfastes de ces tendances sur l'unité de la société française.

La montée des populismes et le débat public

La montée du populisme a secoué l'édifice politique conventionnel, provoquant des fissures dans le paysage démocratique. Ce mouvement, souvent caractérisé par un rejet des élites établies et une rhétorique axée sur la défense des intérêts nationaux, a catalysé de profondes tensions au sein de la société française. En effet, les discours populistes ont trouvé un écho auprès de certaines franges de la population, exacerbant les clivages préexistants et donnant naissance à un débat public empreint de polarisation.

Cette polarisation a infiltré les arcanes du pouvoir politique, alimentant des discours simplistes et des promesses séduisantes mais souvent déconnectées de la réalité complexe des enjeux sociétaux. Le débat public s'est ainsi retrouvé enserré entre deux extrêmes, entraînant une forme de radicalisation des positions et une difficulté croissante à trouver un terrain d'entente pour construire un consensus inclusif et constructif.

Parallèlement, les médias et les réseaux sociaux ont joué un rôle amplificateur dans cette montée du populisme, offrant une tribune aux discours simplificateurs et favorisant l'émergence de bulles informationnelles cloisonnées. Cette fragmentation de l'espace médiatique a contribué à renforcer les divisions au sein de la société française, créant des espaces de débat cloisonnés et nourrissant des perceptions antagonistes.

Face à cette montée des populismes, il est impératif de questionner le rôle des acteurs politiques, des institutions et de la société civile dans le façonnement du débat public. Comment redonner à ce dernier sa vocation initiale de forum ouvert à la diversité des opinions et à la confrontation constructive des idées? Comment prévenir les dérives polarisantes tout en préservant la liberté d'expression et en favorisant un dialogue respectueux et éclairé ? Ces questions essentielles requièrent une réflexion approfondie et une action concertée afin de rétablir un espace public propice à la délibération sereine et à la recherche de solutions communes face aux défis contemporains.

Les dynamiques intergénérationnelles en transformation

L'évolution des dynamiques intergénérationnelles au sein de la société française reflète les changements sociaux et culturels en cours. Les valeurs, les attentes et les modes de communication diffèrent considérablement d'une génération à l'autre, créant ainsi des tensions mais également des opportunités pour un dialogue intergénérationnel constructif. La transmission des savoirs, des traditions et des expériences devient un enjeu majeur dans un contexte où les technologies et les modes de vie évoluent rapidement.

La cohabitation de différentes générations au sein des foyers et sur le marché du travail amène à repenser les structures familiales, les relations professionnelles et les politiques sociales. Les jeunes expriment souvent un désir de réalisation personnelle et professionnelle plus immédiat, tandis que les générations plus âgées accordent davantage d'importance à la stabilité et à la sécurité. Ces divergences peuvent entraîner des frictions, mais aussi des échanges enrichissants qui favorisent une meilleure compréhension mutuelle.

Par ailleurs, les enjeux environnementaux et les questions de durabilité impactent différemment les diverses générations, suscitant des débats sur la responsabilité intergénérationnelle. Cette prise de conscience collective invite à une réflexion sur l'héritage que chaque génération souhaite léguer aux suivantes.

Enfin, la digitalisation de la société entraîne des bouleversements majeurs dans les modes de communication, les relations sociales et l'accès à l'information. Les jeunes générations sont souvent perçues comme étant plus connectées et agiles dans l'utilisation des nouvelles technologies, ce qui redéfinit les interactions intergénérationnelles. Il est impératif de mettre en lumière ces transformations afin de favoriser une cohésion intergénérationnelle fondée sur le respect, l'écoute et l'échange. Comprendre et apprécier les perspectives de chaque génération s'avère essentiel pour construire une société inclusive et harmonieuse, où chacun trouve sa place et participe à la construction d'un avenir commun.

Les flux migratoires et leur influence sur la société

Les flux migratoires ont toujours été un élément central dans le récit de l'histoire humaine, façonnant des sociétés et influençant leurs dynamiques internes. En France, cette question est particulièrement pertinente, tant les vagues migratoires ont marqué son évolution sociale, culturelle et économique. L'impact des flux migratoires sur la société française est multidimensionnel et mérite une étude approfondie pour mieux comprendre les enjeux actuels.

D'un point de vue économique, les migrations ont apporté une main-d'œuvre diversifiée et contribué à la croissance de certains secteurs, tout en alimentant le débat sur la concurrence professionnelle et les salaires. Cette dichotomie soulève des questions cruciales sur l'intégration économique des migrants et leur impact sur le marché du travail français.

Au-delà de l'aspect économique, les flux migratoires ont également joué un rôle significatif dans la composition démographique de la France. Ils ont enrichi la diversité culturelle et religieuse du pays, mais ont également suscité des préoccupations quant à l'assimilation et à l'équilibre entre préservation des identités culturelles et intégration dans la société d'accueil. Ces défis posent la question fondamentale de la cohésion sociale et de l'acceptation mutuelle au sein de la population française.

En examinant les domaines de l'éducation, de la santé et du logement, l'influence des flux migratoires se révèle davantage. Le système éducatif doit s'adapter à une plus grande diversité linguistique et culturelle, tandis que les politiques de santé publique doivent prendre en considération les besoins spécifiques des communautés issues de l'immigration. Parallèlement, les flux migratoires ont eu un impact sur la demande de logements et ont soulevé des questions sur l'accès équitable au marché immobilier.

En fin de compte, la question des flux migratoires et de leur influence sur la société française est complexe et sensible. Elle appelle à une analyse approfondie des enjeux économiques, culturels, sociaux et politiques. Comprendre ces dimensions multiples est essentiel pour forger des politiques d'inclusion efficaces et promouvoir une cohésion sociale durable au sein de la nation. La gestion des flux migratoires et leur intégration réussie sont des défis majeurs pour la France contemporaine, mais également des opportunités de renforcer sa richesse culturelle et sa dynamique sociale.

Les politiques d'intégration et leurs limites

Depuis des décennies, la question de l'intégration des immigrants a été au cœur des débats politiques en France. Les politiques d'intégration visent à favoriser l'intégration culturelle, économique et sociale des nouveaux arrivants dans la société française. Cependant, malgré les efforts déployés, ces politiques sont confrontées à de nombreuses limites et défis. L'une des principales difficultés réside dans la diversité des profils des migrants, avec des besoins spécifiques qui nécessitent une approche individualisée. De plus, les politiques d'intégration se heurtent souvent à des obstacles liés aux tensions sociales préexistantes, notamment dans les quartiers urbains défavorisés. Ces espaces concentrant souvent une part importante des immigrés, sont confrontés à des problématiques telles que le chômage, la discrimination et la pauvreté, rendant la tâche d'intégration encore plus ardue. Par ailleurs, les dispositifs mis en place pour favoriser l'apprentissage de la langue et la compréhension des valeurs républicaines peuvent parfois manquer de moyens ou être inadaptés aux réalités vécues par les populations concernées, limitant ainsi leur efficacité. De plus, les changements fréquents dans les politiques d'immigration et d'asile, souvent sujettes à des débats passionnés, créent un climat d'incertitude qui peut entraver les processus d'intégration. En outre, l'appréhension négative de l'immigration dans certaines parties de la société française peut entraîner une résistance à la mise en œuvre de politiques d'intégration plus inclusives. Malgré ces multiples défis, il est crucial de poursuivre les efforts d'intégration en s'adaptant aux réalités diverses des populations immigrées. Une approche inclusive et participative, prenant en compte les besoins individuels et encourageant le dialogue interculturel, pourrait permettre de surmonter bon nombre des limites actuelles des politiques d'intégration. Il est également essentiel de promouvoir une meilleure compréhension des enjeux de l'immigration au sein de la société française, afin de favoriser une approche plus empathique et solidaire envers les nouveaux arrivants.

Les médias et leur rôle dans les perceptions de division

Les médias jouent un rôle essentiel dans la façon dont la société perçoit sa propre fragmentation. En effet, l'influence des médias sur la construction des représentations collectives et des imaginaires sociaux est indéniable. La couverture médiatique des événements sociaux et politiques peut contribuer à renforcer ou à atténuer les divisions au sein de la société française.

Premièrement, il convient de souligner que les médias ont le pouvoir de mettre en lumière les dissensions et les clivages présents au sein de la population. En focalisant l'attention sur les conflits et les différends, les médias peuvent accentuer les perceptions de division sociale. Les débats télévisés, les articles de presse et les réseaux sociaux offrent une tribune où s'expriment souvent des opinions divergentes, pouvant donner l'impression d'une société profondément divisée.

Par ailleurs, la manière dont les médias sélectionnent, interprètent et diffusent l'information peut également influencer la perception du public. Les choix éditoriaux, la tonalité des reportages, la visibilité accordée à certains acteurs sociaux ou politiques peuvent tous participer à façonner l'image d'une société fragmentée. De plus, la propagation rapide de l'information à l'ère numérique peut exacerber les tensions en amplifiant les discours polarisés et en favorisant la diffusion de fausses nouvelles.

Cependant, il ne faut pas sous-estimer le potentiel des médias à promouvoir le dialogue et la compréhension mutuelle. Une couverture médiatique équilibrée, mettant en avant les initiatives de rapprochement et d'inclusion, peut contribuer à atténuer les perceptions de division. Les médias ont la capacité de donner la parole à des voix diverses et de mettre en lumière les projets et actions visant à promouvoir la cohésion sociale.

En somme, les médias exercent une influence significative sur la façon dont la société française appréhende sa propre fragmentation. Tout en reflétant les réalités sociales, les médias peuvent également participer à la construction des perceptions de division. Il est crucial de reconnaître cette responsabilité médiatique et d'encourager une couverture équilibrée et inclusive, permettant de nuancer les représentations de la fragmentation et de favoriser un dialogue constructif.

L'éducation et son rôle dans l'unification culturelle

L'éducation joue un rôle crucial dans la formation des individus, mais elle est également un pilier central de la construction d'une société unie. En effet, les institutions éducatives ont la responsabilité de transmettre non seulement des connaissances académiques, mais aussi des valeurs fondamentales qui favorisent le vivre-ensemble et la cohésion sociale. Dans le contexte actuel de fragmentation sociale, l'éducation revêt une importance capitale pour promouvoir l'unification culturelle au sein de la société française. L'école, en tant qu'enceinte privilégiée de socialisation, a le pouvoir d'influencer positivement les perceptions et attitudes des jeunes générations.

Conclusion : Vers un renforcement de l'unité nationale

Face à une société française confrontée à des défis complexes de fragmentation sociale et culturelle, il devient impératif d'envisager des stratégies visant à renforcer l'unité nationale. L'éducation se présente comme un levier essentiel dans cette quête, offrant la possibilité d'influer sur les perceptions, les interactions et les valeurs au sein de la population. En mettant l'accent sur l'éducation civique, l'enseignement de l'histoire commune et la promotion du dialogue interculturel, il est envisageable de favoriser un sentiment d'appartenance partagée. Il s'agit non seulement de transmettre des connaissances, mais aussi de cultiver un esprit critique, le respect de l'autre et l'acceptation de la diversité. Parallèlement, la nécessité d'intégrer les technologies numériques dans les processus éducatifs ne doit pas être sous-estimée, car elles constituent un outil puissant pour encourager l'inclusion et la participation citoyenne.

Cependant, pour atteindre un réel renforcement de l'unité nationale, il est indispensable d'adopter une approche holistique, englobant tous les aspects de la vie en société. Les politiques publiques doivent viser à réduire les inégalités socio-économiques, à promouvoir l'accès équitable aux services publics et à garantir la protection des droits fondamentaux pour tous les citoyens. En parallèle, les médias et les acteurs de la sphère publique ont le devoir de favoriser des discours inclusifs, de déconstruire les stéréotypes et de valoriser le vivre-ensemble.

Enfin, le renforcement de l'unité nationale nécessite une reconnaissance et une célébration de la diversité comme un atout majeur pour la France. Il s'agit d'encourager la mise en lumière des multiples héritages culturels qui composent le tissu national, et de promouvoir des événements et des initiatives favorisant les échanges interculturels. Dans cette optique, la valorisation de l'engagement associatif et citoyen joue un rôle central, car elle permet de créer des espaces de rencontre, de partage et de construction collective d'un projet de société inclusif et solidaire.

Ainsi, en adoptant une approche globale, inclusive et participative, la France peut aspirer à renforcer son unité nationale tout en célébrant sa diversité. Cela exigera un engagement collectif, des politiques visionnaires et une transformation profonde des représentations et des pratiques sociales. Toutefois, les bénéfices d'une société unie et harmonieuse sont incommensurables, façonnant un avenir où la pluralité est perçue comme une richesse et où chacun trouve sa place dans un destin commun.

Scénarios futurs : prévenir la fracture nationale

État des lieux

Après avoir exploré les racines de l'ascension politique du Rassemblement National et examiné les craintes exacerbées liées à l'immigration et à l'insécurité, il est impératif de se pencher sur l'état actuel de la nation française. Les chapitres précédents ont clairement mis en lumière les tensions sociales et politiques qui, si elles persistent, pourraient conduire à une fracture nationale dévastatrice. La montée du mécontentement populaire face aux réformes gouvernementales et la mobilisation de divers groupes politiques et sociaux reflètent une société profondément divisée. De plus, le rôle des médias et des pouvoirs politiques dans la propagation de discours polarisants a amplifié les clivages au sein de la population. Ainsi, nous sommes confrontés à un moment crucial de notre histoire où la cohésion nationale est mise à rude épreuve. Il est essentiel de dresser un état des lieux complet pour mieux comprendre les dynamiques en jeu et identifier les voies possibles vers la réconciliation et l'unité nationale.

Analyse de la fragmentation actuelle

La fragmentation sociale et politique en France est un phénomène complexe qui nécessite une analyse approfondie pour en comprendre les tenants et aboutissants. Au cœur de cette fragmentation se trouvent des divisions profondes concernant l'identité nationale, l'immigration, l'économie, et la gouvernance. Ces divisions se sont accentuées ces dernières années, générant des clivages au sein de la société française. L'étude détaillée de ces clivages révèle des tensions palpables entre différentes communautés, des fractures économiques et sociales, ainsi que des divergences idéologiques exacerbées.

La fragmentation actuelle s'exprime également à travers des mouvements politiques contestataires et des revendications sociales qui reflètent une perte de confiance dans les institutions établies. Les discordances entre les citoyens et le gouvernement semblent être alimentées par des inquiétudes croissantes quant à l'avenir de la nation, ainsi que par des perceptions divergentes des défis auxquels la société française est confrontée. Cette situation entraîne un affaiblissement du tissu social et une polarisation accrue au sein de la population, ayant un impact significatif sur la cohésion nationale.

L'analyse approfondie de cette fragmentation met en lumière la nécessité urgente d'appréhender ces tensions de manière holistique, en prenant en compte les multiples dimensions sociales, politiques, économiques, et culturelles en jeu. Comprendre les origines et les manifestations de cette fragmentation permettra d'élaborer des stratégies efficaces pour renforcer la cohésion sociale et prévenir une polarisation plus poussée. Il devient impérieux de reconnaître la diversité de perspectives au sein de la société française et d'ouvrir un dialogue constructif pour réduire les divisions existantes. Cette démarche représente un défi de taille, mais il s'agit d'une étape indispensable vers la préservation de l'unité nationale et la construction d'un avenir harmonieux pour tous les citoyens français.

Rôle des politiques publiques et législatives

L'action des politiques publiques et législatives joue un rôle crucial dans la prévention de la fracture nationale. Ces politiques, mises en place par le gouvernement, ont le pouvoir d'initier des mesures visant à renforcer la cohésion sociale et à réduire les disparités au sein de la société. En mettant l'accent sur l'équité et l'inclusion, les politiques publiques peuvent favoriser un environnement propice au dialogue et à la compréhension mutuelle.

Dans cette optique, il est essentiel que les lois adoptées reflètent les valeurs de justice et de solidarité. Les décisions législatives doivent garantir la protection des droits de tous les citoyens, tout en veillant à ce que personne ne soit marginalisé ou exclu en raison de son origine, de sa religion ou de sa situation économique. De plus, ces politiques devraient encourager la participation civique et promouvoir l'engagement citoyen pour renforcer le tissu social et démocratique.

Le champ d'action des politiques publiques et législatives est vaste. Il englobe des domaines tels que l'accès aux services publics, la lutte contre les discriminations, la promotion de l'égalité des chances, ainsi que la mise en place de mécanismes visant à réduire les inégalités économiques et sociales. Par exemple, des politiques de logement inclusif et abordable peuvent contribuer à éviter la ségrégation résidentielle et favoriser la mixité sociale, tandis que des mesures de soutien à l'emploi et à la formation professionnelle peuvent réduire les écarts économiques entre groupes sociaux.

Les politiques publiques et législatives doivent également tenir compte des spécificités régionales et locales. Une approche décentralisée peut favoriser une meilleure prise en compte des besoins et des réalités de chaque territoire, permettant ainsi de construire des solutions sur mesure et adaptées à la diversité culturelle et sociale du pays. En encourageant la collaboration entre les différentes échelles de gouvernance, il est possible d'instaurer des politiques plus pertinentes et efficaces.

En somme, le rôle des politiques publiques et législatives est primordial dans la préservation de l'unité nationale. En orientant les actions de l'État vers la promotion de l'égalité, de la diversité et de la solidarité, ces politiques peuvent constituer un rempart contre les fractures et les clivages. Elles sont une expression concrète de la volonté politique de construire une société juste et harmonieuse, où chacun trouve sa place et participe pleinement à la vie collective.

Impact de l'éducation nationale

L'éducation nationale joue un rôle crucial dans la prévention de la fracture nationale en France. En effet, le système éducatif est le creuset où se forgent les valeurs, les connaissances et les compétences des citoyens de demain. Ainsi, l'impact de l'éducation nationale sur la cohésion sociale et la prévention des divisions au sein de la société est indéniable.

Pour commencer, il convient d'analyser le rôle des programmes scolaires dans la transmission des valeurs républicaines et des principes de vivre-ensemble. L'éducation citoyenne, la sensibilisation à la diversité culturelle et la lutte contre les discriminations doivent être des piliers fondamentaux de l'enseignement, afin de favoriser l'inclusion et le respect mutuel au sein de la jeunesse française.

Par ailleurs, l'éducation nationale doit également viser à réduire les inégalités socio-économiques en offrant un accès équitable à l'éducation de qualité pour tous les élèves, quelle que soit leur origine sociale ou leur lieu de résidence. La promotion de l'égalité des chances et la valorisation de la mixité sociale au sein des établissements scolaires sont des leviers essentiels pour construire une société harmonieuse et solidaire.

En outre, la formation des enseignants revêt une importance capitale dans la lutte contre la fracture nationale. Ces acteurs clés de l'éducation doivent être outillés pour aborder les enjeux de diversité, de laïcité et de dialogue interculturel au sein de leurs classes. La capacité des enseignants à gérer la diversité culturelle et religieuse, ainsi qu'à promouvoir le respect des différences, est déterminante dans la construction d'un vivre-ensemble pacifique et respectueux.

Enfin, l'éducation nationale doit encourager la coopération avec les acteurs locaux, tels que les associations, les collectivités territoriales et les institutions culturelles, pour enrichir les parcours éducatifs des élèves et favoriser le dialogue intercommunautaire. La valorisation de projets collaboratifs et interdisciplinaires ancrés dans le territoire contribue à renforcer le sentiment d'appartenance et à promouvoir une vision inclusive de la société.

Ainsi, en agissant à ces différents niveaux, l'éducation nationale peut pleinement jouer son rôle dans la prévention de la fracture nationale, en cultivant les valeurs de tolérance, d'ouverture d'esprit et de solidarité chez les générations futures.

Initiatives locales et régionales

Dans un paysage marqué par la diversité culturelle et sociétale, les initiatives locales et régionales jouent un rôle crucial dans la préservation de l'unité nationale. Ces actions enracinées au cœur des communautés offrent un terrain propice à l'épanouissement d'une identité collective tout en encourageant le dialogue interculturel. Les collectivités locales ont un potentiel significatif pour agir comme des foyers de cohésion sociale, favorisant ainsi une compréhension mutuelle et le respect des différences.

Les projets de proximité visant à promouvoir la mixité et la solidarité s'avèrent être des leviers essentiels dans la lutte contre la fragmentation. Les médiathèques, les maisons de quartier, les événements culturels et les programmes de jumelage entre villes constituent autant d'occasions de tisser des liens durables entre les citoyens. En encourageant les échanges interpersonnels et la valorisation des richesses plurielles, ces initiatives permettent de transcender les clivages sociaux et territoriaux, bâtissant ainsi un socle solide pour une société unie.

Par ailleurs, les autorités régionales ont un rôle pivot dans la consolidation du vivre-ensemble. En investissant dans des politiques publiques adaptées aux spécificités de chaque territoire, elles contribuent à renforcer le sentiment d'appartenance et à préserver l'équilibre social. La mise en place de programmes de développement local, la promotion de l'artisanat et du patrimoine culturel, ainsi que le soutien aux initiatives entrepreneuriales locales participent activement à la dynamique de cohésion sociale.

En outre, ces actions locales et régionales permettent de répondre aux besoins propres à chaque communauté, favorisant ainsi l'émergence d'une citoyenneté active et impliquée. Elles stimulent également l'engagement citoyen en offrant des espaces de démocratie participative et de concertation, où les voix de chacun peuvent être entendues et prises en compte dans la prise de décision. Ces démarches contribuent à forger un sens d'appartenance et donnent à chacun la possibilité de se sentir acteur du vivre-ensemble, renforçant ainsi la trame sociale et favorisant la résilience face aux fractures potentielles.

En somme, les initiatives locales et régionales sont des catalyseurs essentiels pour prévenir la fracture nationale. En misant sur la valorisation des interactions humaines, la reconnaissance des spécificités locales, et la stimulation de la participation citoyenne, ces initiatives façonnent un terreau fertile pour la construction d'une société unifiée, ancrée dans la diversité et la solidarité.

Contribution des médias et de la communication

Les médias et la communication jouent un rôle significatif dans le façonnement de la perception publique, la diffusion de l'information et la promotion du dialogue interculturel. Dans le contexte actuel marqué par une polarisation croissante, il est impératif d'examiner de près le rôle des médias et de la communication dans la prévention de la fracture nationale. Les médias traditionnels, tels que la presse écrite, la télévision et la radio, ainsi que les plateformes de médias numériques et les réseaux sociaux, sont des canaux essentiels à explorer.

Il convient d'aborder la responsabilité des médias dans la présentation équilibrée des différentes perspectives et voix au sein de la société. Une couverture médiatique équitable et impartiale peut contribuer à atténuer les tensions et à promouvoir une compréhension mutuelle. En outre, les médias ont l'opportunité d'élever les voix des communautés marginalisées et de mettre en lumière les initiatives locales qui favorisent l'inclusion et la diversité.

Parallèlement, les stratégies de communication gouvernementales et non gouvernementales doivent être examinées en profondeur. Une communication efficace peut renforcer les relations intercommunautaires et favoriser la solidarité nationale. Encourager la collaboration entre les médias, les institutions et les acteurs communautaires est essentiel pour promouvoir un discours constructif et prévenir la propagation de la désinformation et des discours haineux.

En outre, il est crucial de prendre en compte l'impact des médias sociaux sur la fragmentation sociale. Alors qu'ils offrent une plateforme pour l'expression individuelle et la connectivité, les médias sociaux peuvent également servir de vecteurs de division et de propagation de stéréotypes néfastes. Les efforts visant à promouvoir la pensée critique et la citoyenneté numérique sont essentiels pour faire face aux défis posés par les médias sociaux dans la préservation de la cohésion sociale.

Finalement, l'implication des médias et de la communication dans la construction d'un récit national inclusif et englobant, qui reconnaît la richesse de la diversité culturelle et sociale, est fondamentale. En abordant ces questions de manière proactive, les médias et la communication peuvent jouer un rôle crucial dans la prévention de la fracture nationale et la promotion d'une société harmonieuse et inclusive.

Dialogue intercommunautaire et réconciliation

La question du dialogue intercommunautaire occupe une place primordiale dans la recherche de la réconciliation et de l'unité nationale. Face à la fragmentation croissante au sein de la société française, il est impératif de favoriser les échanges constructifs entre les diverses communautés qui composent le tissu social. L'objectif premier de ce dialogue est de créer des espaces de discussion ouverts et bienveillants, permettant aux individus de différents horizons culturels, religieux et sociaux de se rencontrer, d'échanger et de mieux se comprendre mutuellement.

Pour que le dialogue intercommunautaire soit fructueux, il est nécessaire de promouvoir une culture de respect, d'écoute et de considération mutuelle. Les initiatives visant à créer des ponts entre les communautés doivent s'appuyer sur des valeurs fondamentales telles que l'inclusion, la tolérance et la reconnaissance de la diversité. En encourageant la participation active de chaque groupe d'intérêt, on favorise un climat de confiance propice à l'établissement de relations harmonieuses et durables.

La réconciliation intercommunautaire implique également la reconnaissance des préjugés et des stéréotypes qui peuvent alimenter les tensions et les divisions au sein de la société. Il est essentiel de mettre en lumière ces représentations erronées et de travailler à les déconstruire. Ceci nécessite un effort collectif de sensibilisation, d'éducation et de remise en question des schémas de pensée préjudiciables. En s'attaquant aux racines des incompréhensions et des méfiances, on crée les conditions nécessaires pour construire une cohabitation pacifique et équilibrée.

Parallèlement, le dialogue intercommunautaire doit s'accompagner d'une volonté sincère de promouvoir la justice sociale et l'égalité des chances pour tous. En mettant en place des politiques favorisant l'accès équitable aux opportunités économiques, éducatives et professionnelles, on contribue à réduire les inégalités et à renforcer le sentiment d'appartenance à une communauté nationale unie. Les implications de la politique dans la construction d'une cohésion sociale solide ne sauraient être minimisées, car c'est à travers elle que se forge le pacte social et citoyen.

Au-delà des différences apparentes, le dialogue intercommunautaire rappelle que chaque individu partage une appartenance commune à la société française. C'est dans la reconnaissance de cette communauté de destin que se trouve la voie vers la réconciliation et l'unité. En embrassant la diversité comme source de richesse et en cultivant une culture du vivre-ensemble, la France peut aspirer à dépasser les clivages et à bâtir un avenir empreint de solidarité et de fraternité.

La technologie comme outil de rapprochement

La technologie, de nos jours, offre des moyens novateurs pour favoriser la cohésion sociale et le rapprochement entre les différentes communautés au sein de la société française. Les outils numériques ont le pouvoir de transcender les barrières géographiques et culturelles, offrant ainsi des opportunités uniques de dialogue et de collaboration. Les plateformes de réseautage social, par exemple, permettent aux individus de divers horizons de se connecter, d'échanger des idées et de partager leur vécu, créant ainsi un espace virtuel propice à l'échange interculturel. Par ailleurs, les avancées technologiques dans le domaine de la communication facilitent également l'organisation d'événements virtuels collaboratifs, tels que des forums de discussion en ligne, des ateliers participatifs ou des conférences interactives. Ces initiatives favorisent la participation citoyenne et favorisent la rencontre et le débat entre des personnes qui autrement n'auraient peut-être pas eu l'occasion de se croiser. En outre, la technologie occupe un rôle prépondérant dans la promotion de la diversité culturelle à travers la valorisation et la diffusion de contenus artistiques et culturels variés. Les plateformes numériques offrent une vitrine pour les expressions artistiques issues de différents horizons, ce qui contribue à sensibiliser et éduquer le public sur la richesse des différentes traditions et cultures présentes au sein de la nation. Cependant, il convient de noter que l'utilisation de la technologie comme outil de rapprochement comporte également son lot de défis et de limites. La fracture numérique, par exemple, représente un obstacle majeur à l'inclusion de certaines communautés qui n'ont pas un accès équitable aux ressources technologiques. De plus, la propagation de fausses informations et de discours haineux en ligne nécessite une vigilance constante pour préserver la qualité du dialogue interculturel et éviter la montée de tensions. En somme, la technologie présente un potentiel considérable pour servir de levier au rapprochement des différentes composantes de la société française. Toutefois, il est impératif de développer des stratégies inclusives et équitables afin que chaque individu, quelle que soit sa provenance, puisse pleinement bénéficier des opportunités offertes par le monde numérique, garantissant ainsi un véritable maillage interculturel propice à la cohésion sociale.

Prospective: Scénarios envisageables à moyen et long terme

À moyen et long terme, la question de la fracture nationale nécessite une vision prospective pour éviter des scénarios défavorables. Plusieurs pistes de réflexion s'ouvrent pour construire un avenir où la cohésion sociale prévaut. Premièrement, il est impératif de renforcer les politiques d'inclusion et d'égalité des chances, en mettant en place des mesures concrètes visant à réduire les inégalités socio-économiques. Cela pourrait passer par des programmes de soutien ciblant les communautés défavorisées, ainsi que par des réformes structurelles favorisant l'accès à l'emploi et à l'éducation pour tous. Deuxièmement, il est crucial d'encourager le dialogue interculturel et la diversité au sein de la société. En favorisant les échanges intercommunautaires et en valorisant les différences culturelles, il devient possible de créer un tissu social plus inclusif et solidaire. Troisièmement, la promotion d'une citoyenneté active et engagée s'avère essentielle pour contrer la montée des divisions. En encourageant la participation civique et politique, notamment chez les jeunes et au sein des quartiers prioritaires, la construction d'une démocratie participative peut devenir un rempart contre la fracture nationale. Enfin, un investissement accru dans l'éducation et la formation professionnelle, orienté vers l'acquisition de compétences transversales et le développement de l'esprit critique, permettrait de préparer les générations futures à relever les défis de la société. En somme, ces scénarios prospectifs offrent une vision optimiste mais réaliste pour prévenir la fracture nationale et bâtir un avenir où la solidarité et la cohésion renforcée constituent les piliers d'une société harmonieuse.

Conclusion: Vers une politique de cohésion renforcée

La quête d'une France unie et harmonieuse demeure un objectif complexe mais essentiel. Les scénarios prospectifs tracés éclairent sur les voies possibles menant à une société plus cohérente et solidaire. En conclusion, pour parvenir à une politique de cohésion renforcée, il est impératif de prendre des mesures concrètes à plusieurs niveaux. Tout d'abord, au niveau national, il est crucial que les dirigeants politiques s'engagent à adopter une approche inclusive et empathique, mettant l'accent sur la diversité comme source de richesse. Les politiques publiques devraient être élaborées en tenant compte des besoins et des préoccupations de toutes les communautés, afin de favoriser un sentiment d'appartenance universel. Parallèlement, l'éducation nationale devrait jouer un rôle central dans la promotion de la compréhension interculturelle et de la sensibilisation aux enjeux sociaux, favorisant ainsi une culture de tolérance et de respect mutuel. Au niveau local et régional, il est impératif de soutenir et promouvoir les initiatives visant à renforcer les liens entre les différentes composantes de la société. La collaboration intercommunautaire et la mise en place d'espaces de dialogue et de médiation sont des éléments clés pour favoriser la coopération et la solidarité. De plus, il convient d'exploiter le potentiel des médias et de la communication pour promouvoir des narratives inclusives et valoriser le vivre-ensemble. Enfin, l'intégration de la technologie comme outil de rapprochement peut offrir des opportunités innovantes pour favoriser la connectivité et l'échange entre les individus de divers horizons. Ainsi, en veillant à mettre en œuvre ces initiatives de manière coordonnée, la France pourrait progressivement avancer vers une politique de cohésion renforcée, réduisant les divisions et consolidant les liens sociaux. Ce cheminement nécessitera un engagement soutenu et une volonté collective de transcender les clivages historiques pour forger une société plus unie, fondée sur les valeurs de solidarité, d'égalité et de respect.

LA FRANCE EN MIROIR : COMPARAISONS INTERNATIONALES

Analyse comparative

L'ANALYSE COMPARATIVE DES SYSTÈMES politiques internationaux offre un cadre essentiel pour comprendre la situation politique en France. En examinant les dynamiques politiques à l'échelle mondiale, nous sommes en mesure de situer le pays dans un contexte plus large, d'identifier les défis communs auxquels de nombreuses nations font face et d'explorer les réponses politiques qui ont émergé dans divers pays. Les comparaisons internationales apportent une perspective unique qui permet de dépasser les frontières nationales et de saisir les tendances globales qui influencent l'évolution de la politique française. En comprenant non seulement les similitudes, mais aussi les différences entre la France et d'autres nations, nous enrichissons notre compréhension des forces politiques en jeu et des facteurs qui façonnent le paysage politique. Cette approche comparative offre également une opportunité d'évaluer les politiques et les réformes mises en œuvre dans d'autres pays, et d'examiner leur pertinence et leur applicabilité à la situation spécifique en France. En somme, l'étude des comparaisons internationales éclaire la politique française sous un jour nouveau, offrant des angles inédits pour interpréter et aborder les enjeux du pays. Il s'agit donc d'un outil précieux pour les chercheurs, les décideurs politiques et tous ceux qui cherchent à approfondir leur compréhension de la dynamique politique en France.

Historique des comparaisons politiques européennes

L'histoire des comparaisons politiques européennes est une toile complexe tissée à travers les siècles. L'Europe a toujours été un creuset de diversité politique, où les idées et les systèmes ont évolué en parallèle avec les événements marquants de l'histoire. Depuis l'avènement des monarchies absolues jusqu'aux récentes expérimentations démocratiques, le paysage politique européen a reflété un large éventail de structures et de mouvements.

Aux XVIIIe et XIXe siècles, les échanges intellectuels et politiques entre les différents États européens ont contribué à semer les graines de la démocratie moderne. Les révolutions françaises et industrielles ont catalysé des changements sociaux et politiques majeurs, qui ont essaimé à travers le continent. Les idées de liberté, d'égalité et de fraternité sont devenues des phares pour de nombreuses nations européennes, façonnant leur vision politique et institutionnelle.

Au XXe siècle, l'Europe a été le théâtre de bouleversements sans précédent, marqués par les ravages des deux guerres mondiales et la montée des idéologies totalitaires. Les régimes fascistes et communistes ont engendré des divisions profondes au sein du continent, posant des défis monumentaux à l'établissement d'un consensus politique unitaire. La Guerre froide a cristallisé ces clivages, menant à une fragmentation politique qui a durablement influencé le paysage européen.

La fin du XXe siècle a été marquée par une période de reconfiguration politique majeure. La chute du rideau de fer et la dissolution de l'Union soviétique ont ouvert la voie à une recomposition des alliances et des systèmes politiques en Europe de l'Est. Parallèlement, l'intégration économique et politique au sein de l'Union européenne a donné naissance à de nouvelles structures et dynamiques politiques, transformant profondément les relations entre les États membres.

Ainsi, l'étude de l'histoire politique européenne permet de saisir l'intrication complexe des expériences nationales, des influences transnationales et des évolutions globales, offrant un vaste champ de réflexion pour éclairer les enjeux contemporains et futurs de la France dans son contexte européen.

La montée du populisme: regards croisés

Le populisme est un phénomène politique qui a pris de l'ampleur à travers le monde, suscitant un intérêt croissant pour ses origines, son évolution et son impact. En Europe, la montée du populisme a été observée de près, avec des mouvements tels que le Rassemblement National en France, le Fidesz en Hongrie, ou encore le Parti pour la Liberté aux Pays-Bas. Ces partis ont souvent mis en avant des discours nationalistes, anti-immigration et anti-establishment, attirant ainsi un électorat mécontent et cherchant des solutions radicales face aux défis contemporains. L'étude comparée de ces mouvements permet de mettre en lumière les similitudes et les divergences dans leur rhétorique, leurs stratégies politiques et leur rapport aux institutions démocratiques. En examinant les valeurs et les revendications de ces partis, il apparaît clairement que le populisme cherche à capitaliser sur les sentiments d'insatisfaction et de désillusion qui parcourent une partie de la population. Toutefois, la manière dont ces mouvements appréhendent ces préoccupations diffère selon les contextes nationaux, marqués par des histoires, des cultures et des structures politiques distinctes.

Cette section s'intéressera donc à une analyse détaillée de la montée du populisme en France, mais également à travers une perspective comparée au niveau européen. Nous aborderons les causes profondes de ce phénomène, mettrons en lumière ses principales caractéristiques et identifierons les dynamiques transnationales qui le nourrissent. En explorant les multiples dimensions du populisme, nous serons amenés à questionner ses répercussions sur la démocratie et à ouvrir le débat sur les réponses possibles pour contrer ses effets négatifs. Cette analyse croisée nous permettra ainsi d'enrichir notre compréhension des enjeux politiques contemporains et de contribuer à une réflexion constructive sur l'avenir de nos sociétés.

Économie comparative: la France face à ses voisins

L'économie de la France joue un rôle crucial dans son positionnement au sein de l'Europe et du monde. En comparaison avec ses voisins, la dynamique économique française présente à la fois des similitudes et des différences marquantes. L'Hexagone se distingue par son système de protection sociale élaboré et par le poids important de l'État dans l'économie. Par rapport à l'Allemagne, la France adopte une approche plus interventionniste, tandis que le modèle allemand repose davantage sur la flexibilité et la compétitivité. Cette divergence structurelle a des répercussions significatives sur la gestion des crises économiques et sur la capacité d'innovation des deux pays. En outre, les politiques de soutien aux entreprises et le fonctionnement des marchés du travail diffèrent grandement entre la France, l'Allemagne, et d'autres voisins tels que le Royaume-Uni ou l'Italie. L'impact de ces disparités sur la croissance, l'emploi et la productivité est un enjeu majeur pour la France et suscite de vifs débats au niveau national et européen. Par ailleurs, la place de la France dans les échanges commerciaux internationaux et sa capacité à s'adapter aux mutations économiques mondiales sont des critères essentiels dans cette analyse comparative. En considérant également les défis liés à la transition écologique et à la révolution numérique, la position de la France par rapport à ses voisins européens requiert une évaluation attentive et nuancée. Les dynamiques économiques transfrontalières, notamment dans le contexte mouvant du Brexit, ajoutent une dimension supplémentaire à cette comparaison. Ainsi, explorer les forces et les faiblesses de l'économie française en regard des expériences de ses voisins offre un éclairage précieux pour appréhender les enjeux économiques contemporains et développer des politiques adaptées pour l'avenir.

Politiques d'immigration et de diversité en Europe

L'immigration et la diversité ont été des sujets hautement débattus au sein de l'Union européenne, avec chaque pays adoptant des politiques migration différentes en réponse à des contextes nationaux uniques. La France, en tant que l'une des économies les plus dynamiques de l'Europe, a longtemps été un aimant pour les migrants en quête de nouvelles opportunités. Cependant, ces flux migratoires ont engendré des tensions au sein de la société française et ont façonné la politique nationale sur l'immigration et la diversité.

La gestion des flux migratoires a été un enjeu complexe pour de nombreux pays européens. Certains ont adopté une approche ouverte et inclusive, favorisant l'intégration des nouveaux arrivants dans la société, tandis que d'autres ont opté pour des politiques restrictives visant à limiter l'entrée des migrants. En France, ces débats ont été amplifiés par des préoccupations sécuritaires et identitaires, souvent alimentées par des événements marquants tels que les attentats terroristes.

En examinant les politiques d'immigration et de diversité en Europe, il est crucial de prendre en compte les implications socio-économiques et culturelles de ces choix. Les pays européens ont varié dans leurs approches de l'intégration des communautés immigrantes, ce qui a conduit à une diversité de modèles d'inclusion et de cohésion sociale. Ces politiques ont également influencé les dynamiques intercommunautaires et les perceptions de l'identité nationale, soulevant des questions fondamentales sur le vivre ensemble et le multiculturalisme.

Dans ce contexte, la France a cherché à trouver un équilibre entre la protection des frontières et l'accueil des réfugiés, tout en favorisant l'intégration des populations immigrées. Les initiatives visant à promouvoir la diversité culturelle et religieuse ont été accompagnées de mesures de sécurité renforcées, reflétant les défis complexes auxquels le pays est confronté. À travers ces politiques, la France s'est positionnée au carrefour des débats européens sur l'immigration, illustrant les tensions entre solidarité humanitaire et impératifs sécuritaires.

En somme, les politiques d'immigration et de diversité en Europe offrent un tableau diversifié de réponses nationales aux défis de la migration. Comprendre ces politiques nécessite une analyse approfondie des contextes historiques, politiques et culturels qui ont façonné les choix des gouvernements européens. En examinant ces enjeux, il est possible de mieux appréhender les dynamiques migratoires contemporaines et les perspectives futures de l'Europe en tant que terre d'accueil et de cohabitation entre cultures.

Analyse de systèmes électoraux divers

Les systèmes électoraux sont au cœur du fonctionnement démocratique des nations à travers le monde. Chaque pays a développé sa propre architecture électorale, façonnée par son histoire, sa culture et sa géographie politique. En se penchant sur les systèmes électoraux présents et passés dans une variété de pays, il devient clair que la diversité est une constante. Certains pays optent pour des systèmes majoritaires uninominaux qui favorisent la stabilité politique, tandis que d'autres privilégient des systèmes proportionnels visant une représentation plus équitable. Cette diversité résulte souvent de choix historiques et de compromis politiques.

En Europe, par exemple, on observe une grande variété de systèmes électoraux, allant du système de scrutin uninominal majoritaire à un tour du Royaume-Uni au système de représentation proportionnelle intégrale en Belgique. Chaque système a ses avantages et inconvénients, mais il est crucial de comprendre leur impact sur la nature même de la représentation politique. Les systèmes électoraux ne sont pas simplement des mécanismes techniques ; ils façonnent également le comportement des électeurs, les stratégies des partis politiques et la configuration du paysage politique dans son ensemble. Par conséquent, une analyse comparative des systèmes électoraux révèle des dynamiques complexes et des enjeux cruciaux pour la démocratie. En examinant ces différents modèles à travers le prisme de leurs résultats et de leurs implications, il apparaît que chaque système électoral crée des incitations spécifiques pour les acteurs politiques, influençant ainsi les décisions publiques et les politiques gouvernementales. Ainsi, la compréhension des systèmes électoraux divers offre un éclairage essentiel sur la manière dont les citoyens sont représentés, les gouvernements formés et les intérêts politiques articulés. Il s'agit donc d'un élément fondamental à considérer lors de toute réflexion sur la réforme politique et l'évolution des régimes démocratiques.

Impact culturel sur les réformes politiques

Les réformes politiques dans un pays sont souvent le reflet de sa culture et de ses valeurs fondamentales. L'impact culturel sur les réformes politiques est une dimension essentielle à considérer lors de l'analyse des changements institutionnels. En France, les débats politiques et les décisions gouvernementales sont profondément influencés par l'héritage culturel et historique du pays. La notion de laïcité, par exemple, joue un rôle crucial dans la formulation des politiques publiques, en particulier lorsqu'il s'agit de sujets tels que l'éducation, les droits des femmes et la place de la religion dans la société. De même, la vision française de l'égalité et de la justice sociale se reflète dans les réformes économiques et fiscales, visant à atténuer les disparités de richesse et à promouvoir la solidarité nationale. Cette approche empreinte de valeurs culturelles influence également la perception des réformes au sein de la population, façonnant ainsi la légitimité des mesures prises par le gouvernement. Parallèlement, les réformes politiques en France sont influencées par les interactions culturelles avec d'autres nations. Les échanges diplomatiques, les accords internationaux et les mouvements transnationaux façonnent la manière dont les politiques nationales s'adaptent aux normes et aux pratiques émergentes à l'échelle mondiale. L'exemple des politiques environnementales, qui intègrent de plus en plus les principes de durabilité et de coopération internationale, témoigne de l'influence de la culture politique mondiale sur les processus de réforme. Cependant, cette interaction n'est pas unilatérale, car la France exerce également une influence significative sur la scène internationale, exportant ses propres conceptions politiques et culturelles. Il est donc essentiel de prendre en compte cet impact bidirectionnel lors de l'analyse de la convergence et de la divergence des réformes politiques entre la France et d'autres États. En somme, l'impact culturel sur les réformes politiques en France est un aspect incontournable de l'évolution institutionnelle du pays. Comprendre comment la culture et les valeurs façonnent les décisions politiques permet d'appréhender de manière plus complète les dynamiques de changement et les défis auxquels la société est confrontée.

Réponses institutionnelles à des crises similaires

La mise en place de réponses institutionnelles pendant les périodes de crise politique est cruciale pour la stabilité et la résilience d'une nation. Les crises gouvernementales peuvent ébranler la confiance du public, menacer l'économie et ouvrir la porte à des conflits sociaux généralisés. À travers l'Europe, diverses nations ont été confrontées à des défis similaires à ceux rencontrés par la France, et leurs réponses institutionnelles offrent une source précieuse d'enseignements.

Lorsque nous examinons des cas historiques tels que l'Allemagne après la Seconde Guerre mondiale, l'Italie lors de la montée du fascisme, ou encore l'Espagne pendant la transition démocratique, nous observons comment ces nations ont mis en œuvre des mesures institutionnelles pour surmonter des crises internes. Ces réponses comprennent souvent des réformes constitutionnelles, des processus de réconciliation nationale, ou des initiatives visant à renforcer la transparence et la responsabilité au sein des institutions publiques.

En ce qui concerne des exemples plus contemporains, nous pouvons analyser les réponses institutionnelles apportées par la Grèce lors de sa crise économique, ainsi que celles mises en place par le Royaume-Uni suite au Brexit. Ces situations ont conduit à des processus de réforme et de réorganisation des institutions gouvernementales, et ont souvent influencé les dynamiques politiques dans l'ensemble de l'Union européenne.

Si l'on se penche plus spécifiquement sur les réponses institutionnelles adoptées par d'autres partis politiques en Europe, on constate des approches variées pour surmonter les crises. Certains pays ont choisi la voie du dialogue interpartis, favorisant la coopération entre les différents acteurs politiques pour trouver des solutions communes. D'autres ont opté pour des mécanismes de participation citoyenne accrue, engageant davantage la société civile dans le processus décisionnel.

Il est également essentiel d'examiner l'efficacité de ces réponses au fil du temps. La plupart des mesures institutionnelles prises en réponse à une crise politique sont généralement évaluées en fonction de leur capacité à restaurer la confiance publique, à promouvoir la cohésion sociale, et à créer des bases solides pour une gouvernance à long terme. En fin de compte, l'étude des réponses institutionnelles à des crises similaires offre des perspectives essentielles pour la France afin de mieux comprendre les défis auxquels elle est confrontée et les options disponibles pour y répondre.

L'opinion publique européenne et son influence

L'influence de l'opinion publique au sein des nations européennes est un facteur primordial dans la formation et l'exécution des politiques publiques. Les citoyens sont les acteurs essentiels de la vie politique, et leurs perceptions, croyances et valeurs contribuent à façonner le paysage politique au niveau national et européen. L'opinion publique européenne est complexe, diversifiée et souvent sujette à l'évolution rapide des événements et des circonstances politiques. La montée du populisme, les chocs économiques, les débats sur l'immigration et les enjeux culturels ont profondément influencé les opinions des citoyens européens. Les attitudes envers l'Union européenne, ses institutions et ses politiques communes ont également varié, reflétant la diversité des expériences nationales et des identités culturelles. L'impact de l'opinion publique se fait sentir à travers les processus électoraux, les décisions des gouvernements et les orientations des partis politiques. Les mouvements sociaux, les manifestations et les engagements citoyens contribuent également à façonner l'agenda politique et à influencer les orientations prises par les dirigeants européens. Face à cette dynamique, il est impératif pour les responsables politiques de comprendre et d'analyser en profondeur les tendances de l'opinion publique pour élaborer des politiques et des réformes qui reflètent les aspirations et les préoccupations des citoyens. Toutefois, il convient de noter que l'influence de l'opinion publique n'est pas statique et peut être sujette à des influences extérieures telles que les médias, les événements internationaux et les interactions avec d'autres pays. Ainsi, l'étude de l'opinion publique européenne et de son influence nécessite une approche nuancée et multidimensionnelle pour saisir pleinement les dynamiques complexes qui sous-tendent la prise de décision politique à l'échelle continentale.

Synthèse et perspectives d'avenir

Après avoir étudié l'opinion publique européenne et son influence sur les politiques nationales, il est crucial de dresser une synthèse des enseignements tirés et d'envisager les perspectives d'avenir pour la France. La diversité des approches politiques et des réponses institutionnelles à travers l'Europe offre un point de comparaison riche en enseignements pour la France. Les tendances observées dans d'autres pays offrent des opportunités de réflexion pour forger des stratégies plus efficaces et inclusives. En regardant au-delà des frontières, il devient évident que des initiatives novatrices et des alliances transnationales peuvent contribuer à stimuler le débat démocratique et à renforcer la cohésion sociale. En synthétisant les expériences européennes, la France peut s'inspirer de pratiques exemplaires et éviter les pièges qui ont entravé d'autres démocraties. Les perspectives d'avenir pour la France reposent donc sur la capacité à intégrer ces leçons pour façonner un avenir politique plus résilient et pluraliste. Au-delà des différences culturelles et politiques, il est impératif de reconnaître les valeurs communes partagées par les nations européennes. Consolider ces valeurs constitue un rempart contre les forces centrifuges qui menacent la stabilité du continent. En se tournant vers l'avenir, la France doit œuvrer à construire des ponts plutôt que des barrières, à promouvoir la solidarité plutôt que la division. Les défis actuels, tels que l'immigration, la sécurité et l'économie, exigent une vision inclusive et coopérative pour favoriser des solutions durables. En conclusion, la synthèse des données provenant des comparaisons internationales met en lumière les opportunités et les défis auxquels la France est confrontée. Cette réflexion ouvre la voie à une action politique transformative, ancrée dans une perspective globale et anticipatrice.

Voix de la diaspora : résonances d'un conflit interne

Les échos de la diaspora française

La diaspora française, dispersée aux quatre coins du monde, joue un rôle crucial dans la perception des évolutions politiques en France. Au fil des vagues migratoires successives, les expatriés français ont apporté avec eux une part de l'histoire de leur patrie tout en s'imprégnant des cultures variées qui les ont accueillis. Ainsi, l'impact des changements politiques internes est ressenti bien au-delà des frontières nationales. Ces échos constituent le reflet d'une pluralité de sentiments et d'opinions qui méritent d'être explorés en profondeur. En effet, la diversité des parcours individuels au sein de la diaspora se traduit par une multitude de prismes à travers lesquels sont observés les rouages de la politique française. Ceux-ci révèlent non seulement les attentes et les préoccupations des expatriés vis-à-vis de leur pays d'origine, mais également la manière dont ces derniers contribuent à façonner l'image de la France à l'étranger. Ainsi, cette exploration des sentiments et opinions au sein de la diaspora offre un panorama riche et nuancé des interactions entre la politique intérieure française et sa résonance à l'international. Elle met en lumière la complexité des liens qui perdurent entre les expatriés et leur terre natale, révélant ainsi l'importance cruciale de prendre en considération ces voix plurielles lors de l'analyse des dynamiques politiques hexagonales.

Historique de l'émigration française: contextes et vagues

L'histoire de l'émigration française est un récit riche en diversité, teinté par une multitude de contextes et de motivations. Depuis des siècles, les Français ont entrepris des voyages au-delà de leurs frontières, cherchant fortune, liberté, ou simplement de nouvelles expériences. Les premières vagues d'émigration française remontent au XVIe siècle, lorsque des colons se sont aventurés vers le Nouveau Monde à la recherche de terres propices à l'exploitation ou à la colonisation. Cette tendance s'est poursuivie avec l'essor des grandes découvertes, menant à des mouvements migratoires significatifs vers les Amériques, l'Afrique du Nord, l'Asie et l'Océanie.

Au XIXe siècle, la France a été le théâtre d'une émigration massive due à des facteurs tels que la pauvreté, les guerres, et la promesse d'un avenir meilleur dans des terres lointaines. Les États-Unis, le Canada, l'Argentine et l'Algérie ont été parmi les principales destinations des migrants français à cette époque. Le déclin des anciennes colonies et les effets de la mondialisation ont également façonné de nouvelles formes d'émigration, tandis que la France a accueilli des travailleurs originaires du Maghreb et des DOM-TOM, contribuant à la diversité croissante de la diaspora française.

La deuxième moitié du XXe siècle a été marquée par des mouvements migratoires liés aux conflits mondiaux, à la décolonisation, et aux opportunités économiques. L'émergence de la communauté européenne a facilité la mobilité au sein du continent, incitant de nombreux Français à s'installer dans d'autres pays membres pour des raisons professionnelles ou personnelles. Parallèlement, des communautés issues des anciens territoires d'outre-mer se sont implantées en France, apportant avec elles des héritages culturels riches et variés.

Ainsi, l'histoire de l'émigration française témoigne de l'influence de multiples facteurs socio-économiques, politiques et géographiques sur la formation et l'évolution de la diaspora française à travers les siècles. Comprendre ces contextes historiques est essentiel pour appréhender la complexité et la diversité des profils qui composent la diaspora, ainsi que pour apprécier les liens entre la France et ses ressortissants établis à l'étranger.

Profils divers de la diaspora: parcours et intégration

La diaspora française est le reflet de la diversité des parcours et des expériences individuelles à travers le monde. Chaque membre de cette diaspora porte en lui une histoire singulière, façonnée par les circonstances de son départ, son parcours migratoire et son intégration dans son pays d'accueil. Les profils au sein de la diaspora sont riches et variés, allant des expatriés économiques aux étudiants internationaux, des artistes aux professionnels qualifiés, et des retraités en quête de nouveaux horizons aux familles établies depuis plusieurs générations à l'étranger.

Les expatriés économiques ont souvent été motivés par des opportunités professionnelles et cherchent à s'intégrer pleinement dans leur nouveau cadre de vie. Leur réussite dépend généralement de leur capacité à s'adapter aux codes sociaux et culturels de leur pays d'accueil, tout en préservant leur identité française. En revanche, les étudiants internationaux font face à des défis spécifiques liés à leur jeune âge et à la découverte d'une nouvelle société. Leur parcours est marqué par la recherche de formation académique et d'expériences culturelles enrichissantes, tout en tentant de se frayer une place dans un environnement inconnu.

Par ailleurs, les artistes français à l'étranger incarnent la dimension créative de la diaspora, contribuant à diffuser la culture française à travers leurs œuvres et leurs collaborations artistiques. Leur intégration passe par l'établissement de réseaux locaux et internationaux, afin de rayonner sur la scène culturelle mondiale tout en restant connectés à leurs racines françaises. De même, les professionnels qualifiés apportent leur expertise dans des domaines variés, participant ainsi au développement socio-économique de leur pays d'accueil tout en demeurant attachés à la France.

En outre, les retraités expatriés constituent une part importante de la diaspora, cherchant souvent un nouveau souffle et des perspectives différentes après une vie professionnelle bien remplie en France. Leur processus d'intégration implique souvent la découverte de modes de vie alternatifs et l'adaptation à un nouvel environnement propice au repos et à la découverte. Enfin, les familles installées depuis plusieurs générations à l'étranger témoignent d'une intégration plus profonde, ayant tissé des liens durables avec leur pays d'adoption tout en cultivant un attachement fort à leurs origines françaises.

Ces différents profils au sein de la diaspora française illustrent la vitalité et la richesse de ce réseau mondial, offrant une palette variée de trajectoires humaines et d'expériences d'intégration. Chacun contribue à sa manière à l'image de la France à l'étranger, tissant des liens multiculturels tout en entretenant un lien fort avec la patrie lointaine. Leurs parcours individuels s'inscrivent dans une dynamique globale qui participe à la construction d'une diaspora française plurielle et engagée.

La perception de la politique intérieure depuis l'extérieur

La diaspora française, dispersée aux quatre coins du globe, conserve un lien profond avec les affaires politiques de son pays d'origine. Loin des frontières physiques de la France, ses membres observent avec une attention particulière les évolutions et les débats qui animent la scène politique hexagonale. Cette distance géographique ne freine en rien leur intérêt et leur implication dans les dynamiques politiques internes. Installés dans des contextes variés, ces expatriés portent un regard pluraliste sur la politique française, teinté à la fois de nostalgie, de frustration et d'espoir. Leur perception est influencée par leur vécu personnel à l'étranger ainsi que par les récits médiatiques qui leur parviennent. Certains ressentent le besoin impérieux de rester connectés aux débats nationaux pour préserver leur identité française, alors que d'autres adoptent une position plus distante, consciente des enjeux locaux qui façonnent leur quotidien. La diversité des situations participe à l'émergence de visions contrastées et parfois discordantes sur la politique intérieure française. Les prises de position des dirigeants politiques, les réformes législatives et les polémiques sociétales sont scrutées avec attention et suscitent des réactions diverses au sein de la diaspora. Appartenant à des horizons multiples, ces regards extérieurs enrichissent la compréhension des enjeux nationaux en apportant des perspectives différentes et souvent complémentaires. Ils contribuent également à la vitalité démocratique en confrontant le débat public français à des réalités et à des sensibilités plurielles. Ainsi, la perception de la politique française depuis l'extérieur s'impose comme un prisme complexe mais incontournable pour saisir l'ampleur des enjeux contemporains et les aspirations plurielles de la communauté nationale à l'épreuve de la mondialisation.

Impact des politiques nationales sur la vie des expatriés

Les politiques nationales de tout pays peuvent avoir un impact significatif sur la vie de ses expatriés. En ce qui concerne la diaspora française, les décisions prises au niveau national ont des répercussions directes sur ceux qui résident à l'étranger. Les lois concernant la fiscalité, la sécurité sociale et les droits des citoyens français vivant à l'étranger sont autant de facteurs qui influent sur leur quotidien. Par exemple, les changements dans la législation fiscale française peuvent avoir des conséquences majeures sur la situation financière des expatriés, les obligeant parfois à réévaluer leurs choix de vie à l'étranger. De même, les accords bilatéraux en matière de sécurité sociale et de protection consulaire revêtent une importance capitale pour garantir le bien-être des expatriés français. En outre, les décisions politiques prises en France, telles que les relations internationales ou les politiques migratoires, peuvent également impacter la perception des Français vivant à l'étranger quant à leur propre identité et leur place dans le monde. La valorisation de la francophonie, par exemple, peut contribuer à renforcer le lien des expatriés avec leur pays d'origine. Cependant, les politiques susceptibles de stigmatiser ou de marginaliser certaines populations peuvent engendrer des réactions divergentes au sein de la diaspora. Il est essentiel de reconnaître l'importance des expatriés dans le débat politique national et d'intégrer leurs perspectives dans l'élaboration des politiques publiques. Les expatriés français apportent une richesse culturelle et une diversité d'expériences qui méritent d'être prises en compte. En somme, l'impact des politiques nationales sur la vie des expatriés ne peut être sous-estimé, et il est impératif d'adopter une approche inclusive et attentive aux besoins de cette communauté dynamique.

Participation politique: de l'engagement transnational

L'engagement politique transcende souvent les frontières géographiques, particulièrement pour la diaspora française dispersée à travers le monde. La participation politique des expatriés français revêt une importance significative dans les enjeux nationaux, car elle reflète les convictions et les intérêts d'une part essentielle de la population française. Ces citoyens établis à l'étranger apportent un regard unique sur les politiques nationales, enrichi par leur expérience et leur comparaison avec d'autres systèmes politiques. Leur engagement transnational se manifeste à travers diverses formes d'action, telles que le lobbying auprès des autorités françaises et étrangères, la création d'associations ou de réseaux d'influence, ainsi que la participation aux campagnes électorales et référendums. Ce phénomène souligne l'importance croissante de la voix de la diaspora, encouragée par son influence potentielle dans les prises de décisions nationales. En effet, ces citoyens, malgré leur résidence à l'étranger, restent étroitement liés à leur pays d'origine et souhaitent contribuer activement à la vie politique de ce dernier. Cette participation transnationale peut également être un moyen de maintenir un lien fort avec la communauté française, de favoriser les échanges culturels et de promouvoir une image positive de la France à l'international. Cependant, elle suscite parfois des débats quant à la légitimité de l'influence de la diaspora sur les affaires internes du pays, remettant en question le principe de représentation et la portée démocratique de tels engagements. Néanmoins, l'engagement politique transnational demeure un élément central du débat sur la citoyenneté et l'appartenance à la nation, démontrant que les frontières politiques ne sont pas imperméables et que la voix de la diaspora mérite d'être entendue et intégrée dans le processus démocratique.

Les médias et leur influence sur les opinions de la diaspora

L'influence des médias sur les opinions de la diaspora française est un sujet d'une grande pertinence dans le contexte actuel. Les médias, qu'ils soient traditionnels ou numériques, jouent un rôle crucial dans la formation et la modulation des opinions au sein de la diaspora. En effet, ces canaux d'information influencent directement la perception des expatriés concernant la politique, l'économie et la société en France. L'accès aux informations nationales et internationales conditionne ainsi la manière dont la diaspora perçoit les événements se déroulant dans son pays d'origine. Les médias façonnent les réflexions, les réactions et les prises de position des expatriés, contribuant ainsi à une diversité d'opinions et de perspectives. Il est également crucial de considérer la diversité des médias consommés par la diaspora, allant des grands médias nationaux aux plateformes en ligne et aux réseaux sociaux. Cette pluralité de sources crée un paysage médiatique complexe, où chaque canal exerce une influence spécifique sur les perceptions de la diaspora. De plus, la question de la fiabilité des informations diffusées par les médias est fondamentale. Les fausses nouvelles, les biais idéologiques et les discours polarisés peuvent engendrer des interprétations erronées de la réalité sociale, politique et économique en France. Cela souligne l'importance pour la diaspora de mettre en œuvre un esprit critique vis-à-vis des informations qu'elle reçoit. Par ailleurs, les médias jouent un rôle dans la construction identitaire des expatriés. La représentation médiatique de la France, qu'elle soit positive ou négative, influe sur le rapport que la diaspora entretient avec son pays d'origine. Ainsi, les médias contribuent à façonner le sentiment d'appartenance et de distance chez les expatriés, impactant leurs relations avec la France. En somme, l'influence des médias sur les opinions de la diaspora est un domaine vaste et complexe, qui demande une analyse approfondie des différents facteurs en jeu. Comprendre cette dynamique est essentiel pour appréhender de manière nuancée les attitudes et les positions de la diaspora française face aux événements et enjeux nationaux.

Enjeux identitaires: appartenance et distanciation

La question de l'identité demeure au cœur des préoccupations de la diaspora française, suscitant des réflexions profondes sur les notions d'appartenance et de distanciation. Lorsqu'on évoque l'appartenance, il s'agit de se sentir relié à une communauté, de partager des valeurs, des coutumes et parfois une histoire commune. Cependant, ce sentiment d'appartenance peut être complexifié lorsque l'on vit à l'étranger, loin de ses racines et des repères habituels. Dès lors, se pose la question de la distanciation, c'est-à-dire la séparation ou l'éloignement par rapport à son territoire d'origine. Cette dualité entre l'attachement à la France et l'adaptation à un nouvel environnement soulève des enjeux identitaires profonds au sein de la diaspora.

Par exemple, certains membres de la diaspora éprouvent le besoin impérieux de conserver intacts leurs liens avec la culture et les traditions françaises. Ils s'efforcent de préserver leur langue maternelle, de perpétuer les rituels festifs et de transmettre avec ferveur les valeurs qui leur ont été inculquées. Pour eux, la France demeure une part indissociable de leur être, et chaque manifestation de leur identité est teintée de cette empreinte nationale.

D'un autre côté, un phénomène de distanciation peut également s'opérer au sein de la diaspora, marqué par une volonté de s'intégrer pleinement à la société d'accueil tout en préservant une part de ses origines. Ce processus de distanciation n'est pas exempt de tensions et de remises en question, car il implique de jongler entre deux cultures, deux systèmes de valeurs et parfois même deux appartenances nationales. Ainsi, la diaspora française est le théâtre d'une multiplicité de parcours identitaires, où se mêlent les aspirations à l'unité et les défis de la diversité.

Ces enjeux identitaires trouvent un écho particulier dans le contexte du débat national français. En effet, les voix de la diaspora apportent une dimension singulière à la réflexion sur l'identité nationale, enrichissant le dialogue autour des différentes formes de citoyenneté et de patriotisme. Leur vécu nourrit les échanges sur la diversité culturelle et l'universalité des idéaux républicains, invitant ainsi à repenser les fondements mêmes de la construction collective de l'identité française. Face à ces défis, la diaspora déploie toute sa force créatrice pour concilier héritage et renouveau, offrant ainsi une perspective unique sur les enjeux identitaires qui animent la France contemporaine.

Contribution de la Diaspora au débat national français

La diaspora française, dispersée à travers le monde, conserve un lien profond avec les affaires nationales. Parmi les questions qui occupent fréquemment son esprit figurent celles relatives à l'identité nationale, à la politique intérieure et aux défis socio-économiques. Sa contribution au débat national français réside tout d'abord dans sa capacité à apporter un regard extérieur, enrichi par diverses expériences culturelles et sociales. En exprimant leurs préoccupations et leurs analyses, les membres de la diaspora alimentent une réflexion élargie, contribuant ainsi à une vision plus globale des enjeux qui secouent la France.

Outre leur perspective novatrice, les expatriés français jouent un rôle actif dans la diffusion des valeurs démocratiques et humanistes à l'étranger. Leur présence et leur participation constructive aux débats politiques et sociétaux étrangers renforcent l'image de la France en tant que terre d'ouverture, de liberté et d'échange. Par leur influence sur les scènes internationales, ils contribuent à forger une image positive de la France, favorisant ainsi les échanges culturels et diplomatiques.

La diaspora française ne se contente pas seulement de promouvoir les idéaux français à l'étranger. Elle participe également activement aux initiatives transnationales visant à résoudre les problèmes communs tels que le changement climatique, les crises migratoires ou les conflits internationaux. Forte de ses compétences et de ses réseaux, elle œuvre pour bâtir des ponts entre les nations, favorisant la coopération et la solidarité à l'échelle mondiale.

Par ailleurs, la diaspora française constitue un vecteur essentiel dans la transmission de la langue, de la culture et de l'histoire françaises. En partageant leurs connaissances et leurs pratiques, les expatriés deviennent des ambassadeurs culturels, contribuant à entretenir un lien précieux entre la France et le reste du monde. Leur engagement dans la diffusion de la francophonie renforce le rayonnement international de la langue française, favorisant ainsi une meilleure compréhension mutuelle entre les peuples.

En somme, la contribution de la diaspora au débat national français revêt une importance capitale. En élargissant la portée des discussions, en propageant les valeurs françaises à l'étranger et en participant à des actions concrètes pour la planète, la diaspora offre une perspective unique et enrichissante pour l'avenir de la France.

Synthèse et perspectives d'avenir pour la diaspora

La diaspora française, répartie aux quatre coins du globe, est un acteur incontournable dans le débat national. Sa contribution au rayonnement de la culture française, à l'économie et à la politique est indéniable. Cependant, la synthèse de son impact et les perspectives d'avenir pour cette communauté sont des sujets d'une importance capitale. En effet, la diaspora française agit comme un pont entre la France et le reste du monde, apportant à la fois des idées novatrices et une rétroaction significative sur les politiques nationales. Dans cette optique, il est crucial d'analyser les tendances actuelles afin de proposer des voies pour renforcer ce lien essentiel.

En premier lieu, la diaspora française manifeste une diversité remarquable, reflétant une richesse culturelle et intellectuelle inestimable. Cette pluralité présente un potentiel considérable pour enrichir le débat national en offrant des perspectives variées sur les grandes thématiques qui animent la société française. Les échanges avec la diaspora peuvent ainsi favoriser l'émergence de solutions novatrices face aux défis contemporains, tout en renforçant le sentiment d'appartenance à la communauté nationale.

Par ailleurs, les perspectives d'avenir pour la diaspora nécessitent une reconnaissance accrue de son rôle dans la construction d'une identité nationale plurielle. Au-delà des frontières physiques, la diaspora contribue à façonner une image dynamique et ouverte de la France. Il est impératif pour les pouvoirs publics de faciliter l'implication des expatriés dans la vie publique et politique, notamment en encourageant leur participation aux débats nationaux et en valorisant leur expertise dans les domaines clés. Dans un monde de plus en plus connecté, la capacité de la diaspora à influencer positivement la réflexion et l'action politiques en France ne peut être sous-estimée.

En conclusion, envisager les perspectives d'avenir pour la diaspora française implique de reconnaître son potentiel transformateur et mobilisateur. L'écoute et la prise en compte des voix de la diaspora doivent devenir des éléments fondamentaux de la gouvernance démocratique, permettant ainsi de consolider les liens entre la France et sa communauté mondiale. À cet effet, des mesures concrètes visant à faciliter l'engagement des expatriés et à capitaliser sur leurs connaissances et expériences représentent des pistes prometteuses pour renforcer la cohésion nationale et rayonner une image résolument moderne de la France dans le monde.

Culture et identité en débat : qui sommes-nous ?

L'essence de l'identité française

L'ESSENCE DE L'IDENTITÉ FRANÇAISE réside dans une riche mosaïque de traditions, valeurs et héritages culturels forgés au fil des siècles. Au cœur de cette identité, se trouve un mélange unique de diverses influences, allant des racines celtes, latines et gauloises à l'héritage des grandes figures de la Renaissance, des Lumières et de la Révolution. La France, berceau de la Déclaration des Droits de l'Homme et du citoyen, a façonné son identité à travers des idéaux de liberté, d'égalité et de fraternité qui continuent à définir son essence. Cette identité s'est enrichie par l'apport des cultures régionales, des mouvements artistiques tels que le Romantisme et l'Impressionnisme, ainsi que par les courants philosophiques qui ont marqué son histoire. Par ailleurs, la langue française, symbole de rayonnement culturel et intellectuel à travers le monde, demeure un pilier fondamental de l'identité nationale., l'identité française est aussi le fruit d'influences externes, façonnée par des échanges avec d'autres cultures à travers les siècles. Les conquêtes et les échanges commerciaux ont introduit de nouvelles pratiques, coutumes et perspectives, contribuant à la richesse et à la complexité de l'identité nationale. Des périodes coloniales aux migrations contemporaines, la France a intégré des composantes venues d'ailleurs et a su les assimiler tout en préservant son caractère distinctif. 'évolution de l'identité française reflète également des débats complexes sur le multiculturalisme et la diversité. De nos jours, cette identité subit l'influence de la mondialisation, des médias et des nouvelles technologies, modifiant les perceptions et défis liés à la préservation de ses fondements culturels. Cependant, malgré ces évolutions, l'essence de l'identité française demeure ancrée dans sa capacité à conjuguer héritage, modernité et ouverture au monde, tout en perpétuant l'esprit d'une nation attachée à ses valeurs traditionnelles.

Héritages culturels et influences externes

L'identité culturelle française est le fruit d'une richesse héritée de diverses influences historiques et externes. L'empreinte des périodes médiévale, renaissance, et des siècles suivants a contribué à façonner un tissu culturel dense et varié. Les échanges avec les civilisations voisines comme l'italienne, l'espagnole et l'allemande ont laissé des empreintes profondes dans les arts, la musique, la langue et même la gastronomie française. De plus, les périodes de colonialisme et d'exploration ont apporté des éléments exotiques et lointains qui se sont intégrés dans la culture hexagonale. Ces influences extérieures ont parfois été sources de tensions et de débats sur la préservation d'une identité propre, notamment face aux enjeux contemporains de mondialisation. Malgré ces influences externes, la France a su préserver son essence culturelle unique, défendant ses valeurs et traditions tout en s'ouvrant au dialogue interculturel. Ainsi, ce mélange subtil entre héritages culturels et influences externes a permis à la France de rayonner sur la scène internationale tout en maintenant son unicité et son authenticité. Cette tension entre conservatisme et ouverture au monde est au cœur du débat actuel sur l'identité française, soulevant des questions fondamentales quant à la préservation et à l'évolution de cette identité plurielle. La réflexion sur ces héritages culturels et influences externes demeure essentielle pour appréhender la diversité et la dynamique de la société française, ainsi que pour envisager son rôle dans un contexte globalisé où les frontières culturelles s'estompent.

La langue française comme pilier de l'identité

La langue française, avec son histoire riche et ses influences multiples, joue un rôle fondamental dans la construction et la préservation de l'identité culturelle de la France. C'est à travers la langue que les valeurs, les traditions et le patrimoine immatériel se perpétuent de génération en génération. Elle est le reflet de notre histoire, de nos aspirations, et de notre manière de penser. La langue française incarne l'essence même de notre identité nationale, en lui donnant une reconnaissance au-delà des frontières. Elle est un symbole d'universalité, tout en étant le ciment qui unit les diversités internes. En effet, la diversité linguistique en France, qu'elle soit régionale ou liée aux vagues migratoires, enrichit la toile complexe et colorée de notre patrimoine linguistique. Par sa capacité à évoluer tout en préservant son essence, le français prouve sa vitalité et sa capacité à intégrer et assimiler de nouveaux apports culturels, tout en maintenant sa cohésion et son identité propre. Ainsi, la langue française est bien plus qu'un simple moyen de communication ; elle est le gardien fidèle des trésors culturels et intellectuels de la France. Sa préservation et sa promotion jouent un rôle crucial dans la sauvegarde et la transmission de notre héritage commun. En outre, la langue française joue un rôle essentiel dans la participation des citoyens à la vie démocratique, garantissant l'accès à l'information, l'éducation, et la culture, favorisant ainsi l'inclusion sociale et renforçant le sentiment d'appartenance à une civilisation partagée. Étant l'une des langues les plus parlées dans le monde, le français représente un vecteur privilégié pour promouvoir la diversité linguistique et culturelle sur la scène internationale. En conclusion, la langue française détient une place prépondérante dans la constitution de l'identité collective des citoyens français, véhiculant leur histoire, leurs valeurs et leur humanisme. La préserver et la valoriser, c'est affirmer la pérennité de la culture française et sa contribution au patrimoine mondial.

Débats contemporains sur le multiculturalisme

Le débat sur le multiculturalisme en France suscite des questionnements profonds quant à l'identité nationale et à la cohésion sociale. Alors que la société française est de plus en plus diverse, avec une population comprenant des individus de diverses origines ethniques, culturelles et religieuses, il est essentiel d'examiner comment cette diversité influence la conception même de la nation. Les partisans du multiculturalisme soutiennent l'idée d'une coexistence harmonieuse entre les différentes communautés, prônant la reconnaissance et la célébration de la pluralité culturelle. Ils cherchent à promouvoir une approche inclusive qui valorise la diversité et encourage le dialogue interculturel. Cependant, certains opposants soulèvent des préoccupations quant à la notion de perte d'identité nationale, mettant en avant le risque de division et de fragmentation sociale. Ils insistent sur l'importance de l'unité et de la préservation d'une identité culturelle commune. Ces préoccupations sont souvent associées à des craintes liées à l'intégration des nouveaux arrivants et à la remise en question des valeurs traditionnelles françaises. Le débat s'intensifie également autour de la question de l'assimilation versus le multiculturalisme, alimentant des discussions sur la manière dont les individus issus de divers horizons devraient s'intégrer à la société française. Certains soutiennent que l'assimilation est nécessaire pour garantir l'unité nationale, tandis que d'autres plaident en faveur d'une approche plus souple, tenant compte des spécificités culturelles de chaque groupe. Ces débats se reflètent dans les politiques publiques et les initiatives gouvernementales visant à favoriser l'intégration et à aborder les défis liés à la diversité culturelle. La question du multiculturalisme reste au cœur des enjeux sociétaux en France, appelant à une réflexion approfondie sur la manière dont la nation peut concilier sa diversité croissante avec son héritage culturel et ses valeurs fondamentales.

Impact des médias et de la globalisation sur la culture

L'impact des médias et de la globalisation sur la culture française ne peut être sous-estimé dans le contexte actuel. La montée en puissance des médias de masse et des plateformes numériques a joué un rôle majeur dans la diffusion de normes culturelles globales, souvent au détriment des expressions locales et traditionnelles. Les films hollywoodiens, les séries télévisées internationales et la musique populaire mondialisée ont largement contribué à une homogénéisation des goûts et des références culturelles, reléguant parfois la diversité culturelle au second plan.

La globalisation a également permis une circulation plus fluide des idées, des tendances et des produits culturels à l'échelle internationale. Si cela a favorisé un enrichissement mutuel et des échanges fructueux, il convient cependant de rester vigilant quant à la préservation des identités culturelles distinctives. En effet, l'exposition constante à des influences étrangères peut remettre en question la singularité de la culture française, menaçant ainsi sa pérennité et son authenticité.

Par ailleurs, les transformations technologiques ont radicalement modifié la manière dont la culture est consommée, produite et partagée. Les réseaux sociaux, les plateformes de streaming et les blogs ont offert de nouveaux espaces d'expression, mais ont aussi engendré des modes de consommation culturelle plus fragmentés et éphémères. Cette fragmentation peut conduire à une perte de repères culturels communs, fracturant ainsi le tissu social et affaiblissant le sentiment d'appartenance collective.

Face à ces défis, il est impératif de promouvoir une vision équilibrée de la globalisation culturelle, reconnaissant à la fois ses bienfaits et ses risques. Un dialogue constructif entre les différentes sphères culturelles, soutenu par des politiques de protection et de valorisation du patrimoine culturel, peut contribuer à préserver la diversité et la richesse de la culture française tout en favorisant des échanges ouverts et bénéfiques avec le reste du monde.

Education et transmission des valeurs traditionnelles

L'éducation joue un rôle fondamental dans la transmission des valeurs traditionnelles au sein de la société française. À travers le système éducatif, les jeunes générations se familiarisent avec l'histoire, la culture, et les principes essentiels qui façonnent l'identité nationale. Les établissements scolaires, qu'ils soient publics ou privés, offrent un cadre propice à l'enseignement des valeurs telles que le respect, la tolérance, la solidarité, et la citoyenneté.

Par le biais des programmes d'enseignement, les élèves découvrent les grands événements historiques qui ont marqué la France, ainsi que les figures emblématiques qui ont contribué à forger son patrimoine culturel. Les fêtes nationales, les coutumes régionales, et les traditions populaires sont également célébrées, promouvant ainsi un sentiment d'appartenance et de fierté collective.

Outre les connaissances transmises dans les salles de classe, l'éducation informelle, dispensée au sein des familles et des communautés, revêt une importance cruciale dans la préservation des valeurs traditionnelles. Les pratiques religieuses, les récits ancestraux, les festivités locales, et les savoir-faire artisanaux représentent autant de vecteurs de transmission de ces valeurs intemporelles.

Cependant, face aux enjeux de la modernité, l'éducation doit s'adapter pour garantir la pérennité des valeurs traditionnelles. Il est impératif d'intégrer une perspective contemporaine dans l'enseignement, en mettant en lumière l'évolution des valeurs et leur pertinence dans le contexte actuel. La diversité culturelle et la pluralité des croyances doivent être abordées avec respect et ouverture d'esprit, permettant ainsi aux nouvelles générations de concilier héritage traditionnel et réalités du monde globalisé.

En fin de compte, l'éducation et la transmission des valeurs traditionnelles représentent un défi constant mais essentiel pour la société française. En équilibrant fidélité au passé et adaptation au présent, la formation des jeunes citoyens contribue à perpétuer l'identité culturelle unique de la France tout en cultivant un esprit critique et ouvert aux défis de demain.

Rôles de la laïcité et du religieux dans la société

La question de la laïcité et de la place du religieux dans la société française est une thématique complexe qui suscite des débats riches en passion et en perspective. La laïcité, ancrée dans l'héritage républicain français, vise à garantir la séparation stricte entre l'État et les institutions religieuses, tout en assurant la liberté de conscience pour chacun. Cette doctrine repose sur le principe de neutralité de l'État vis-à-vis des différentes croyances, offrant ainsi un espace de coexistence pacifique pour les diverses expressions spirituelles au sein de la société.

Cependant, cette conception de la laïcité est loin d'être homogène dans sa mise en oeuvre pratique. Les débats actuels portent sur sa validité face à l'émergence de revendications religieuses dans l'espace public. Des questions délicates se posent quant aux limites de la liberté d'expression religieuse et à l'équilibre entre respect des traditions religieuses et préservation des valeurs républicaines.

La discussion autour de la laïcité s'intensifie également avec la diversification croissante de la société française, marquée par l'immigration et l'évolution des pratiques religieuses. Cette réalité multidimensionnelle soulève des enjeux majeurs en matière d'intégration, de respect mutuel et de vivre-ensemble. Comment concilier la diversité religieuse avec le respect des principes laïques fondamentaux ?

Par ailleurs, la question de la laïcité s'entremêle souvent avec des aspects sociétaux tels que l'égalité entre les femmes et les hommes, les droits individuels, et la lutte contre les discriminations. Ces enjeux complexes demandent une réflexion approfondie sur la manière dont la laïcité peut soutenir la cohésion sociale tout en favorisant le dialogue interculturel et interreligieux.

Finalement, aborder la laïcité et le religieux dans la société française nécessite une démarche équilibrée et ouverte, prenant en compte les multiples dimensions historiques, culturelles et politiques. Il s'agit d'un défi essentiel pour l'avenir de la France, appelant à une vision inclusive qui préserve les valeurs républicaines tout en reconnaissant et respectant la pluralité des expressions religieuses et philosophiques.

Expressions artistiques et préservation de l'unicité culturelle

Les expressions artistiques sont un élément essentiel de la préservation de l'unicité culturelle française. La richesse et la diversité des arts français, qu'il s'agisse de la littérature, de la peinture, de la musique, du cinéma ou de la danse, reflètent l'identité profonde de la nation. Ces formes d'art jouent un rôle crucial dans la transmission des traditions, des valeurs et de l'histoire de la France à travers les siècles. Les artistes français ont toujours su capturer l'esprit de leur époque et exprimer les aspirations collectives de la société. De plus, ils ont créé des œuvres emblématiques qui sont devenues symboles de la culture française à l'échelle mondiale. La préservation de l'unicité culturelle passe également par la protection et la promotion du patrimoine artistique et architectural du pays. Les monuments historiques, les musées renommés et les festivals artistiques contribuent à entretenir l'héritage culturel de la France. En soutenant les industries culturelles et en encourageant la création artistique contemporaine, la France nourrit son identité unique et dynamique. Toutefois, la mondialisation et les évolutions technologiques posent des défis à la préservation de cette unicité culturelle. Il est impératif de concilier tradition et innovation pour assurer que les expressions artistiques continuent à refléter l'essence de la culture française tout en s'adaptant aux exigences du monde moderne. La sensibilisation à l'importance des arts et de la culture au sein de la société est un facteur clé pour garantir la pérennité de l'unicité culturelle française. La protection des métiers d'art traditionnels ainsi que le soutien aux initiatives visant à préserver les savoir-faire ancestraux sont cruciaux pour maintenir la distinction et l'authenticité des productions artistiques françaises. Par conséquent, il est essentiel de reconnaître et de célébrer l'apport des expressions artistiques à l'identité culturelle française, tout en stimulant la créativité et l'innovation pour façonner un héritage culturel vivant et pérenne.

La cuisine française : un reflet de notre identité

La cuisine française est bien plus qu'une simple pratique culinaire ; elle incarne un véritable art de vivre et constitue un pilier fondamental de l'identité nationale. À travers ses innombrables variations régionales, la gastronomie française révèle la richesse des terroirs et l'importance accordée à la qualité des produits. Avec une tradition remontant à des siècles, chaque plat raconte une histoire et témoigne des savoir-faire transmis de génération en génération. Des plats emblématiques tels que le coq au vin, la ratatouille, ou la bouillabaisse incarnent l'essence même du patrimoine culinaire français.

Au-delà de sa dimension gustative, la cuisine française revêt également une dimension sociale et culturelle. Les repas partagés, souvent accompagnés d'un bon vin, représentent des moments de convivialité et de partage, renforçant les liens familiaux et sociaux. De plus, la haute gastronomie française a su s'imposer à l'international comme une référence incontestée, attirant les passionnés de cuisine du monde entier vers ses établissements prestigieux. Cette reconnaissance globale renforce l'image de la France en tant que terre de raffinement et d'excellence culinaire.

Pourtant, la cuisine française est également confrontée à des défis contemporains. L'essor de la restauration rapide et la mondialisation ont impacté les habitudes alimentaires, menaçant parfois la préservation des traditions culinaires. La question de la durabilité et de la responsabilité écologique se pose également dans un contexte où la préservation des ressources naturelles devient cruciale.

Cependant, malgré ces défis, la cuisine française demeure un trait d'union entre les Français, symbolisant leur attachement à leurs racines et leur désir de perpétuer un héritage culturel unique. Ainsi, la valorisation et la transmission des recettes ancestrales ainsi que l'innovation et l'adaptation aux nouveaux enjeux constituent des axes clés pour assurer l'avenir vibrant de la cuisine française, pérennisant ainsi son rôle en tant que reflet authentique de l'identité nationale.

Prospectives: quel avenir pour l'identité culturelle française ?

L'identité culturelle française, malgré ses racines profondes et son riche patrimoine, est aujourd'hui façonnée par une société en constante évolution. Alors que nous envisageons l'avenir de notre identité culturelle, il est essentiel de reconnaître les défis auxquels nous sommes confrontés. La mondialisation, les flux migratoires, les avancées technologiques et les changements sociaux remettent en question nos traditions et nos valeurs.

Dans ce contexte, la préservation de l'identité culturelle française implique un équilibre délicat entre le respect de nos héritages et l'ouverture à de nouvelles influences. Il s'agit de préserver notre héritage artistique, linguistique et culinaire tout en favorisant une société inclusive et dynamique. Ceci nécessite une réflexion approfondie sur la manière dont nous pouvons intégrer les diversités culturelles sans compromettre notre singularité.

Un vaste défi auquel la France est confrontée est de concilier sa tradition de laïcité avec la pratique religieuse croissante au sein de sa population. Comment garantir la liberté de culte tout en préservant la neutralité de l'État ? Cette question soulève des enjeux cruciaux pour l'avenir de notre identité culturelle, exigeant un dialogue ouvert et constructif.

Par ailleurs, l'éducation joue un rôle primordial dans la transmission des valeurs et des savoir-faire traditionnels. Il est essentiel d'intégrer l'enseignement de l'histoire, de la littérature, de l'art et de la gastronomie français dans nos programmes éducatifs, afin de garantir la perpétuation de notre identité culturelle auprès des générations futures.

Enfin, la préservation de notre identité culturelle ne doit pas être perçue comme un repli sur soi, mais plutôt comme une invitation à partager notre richesse culturelle avec le monde. Par le biais de collaborations internationales, d'échanges culturels et d'initiatives artistiques, la France peut jouer un rôle de premier plan dans la promotion de la diversité culturelle tout en consolidant sa propre identité.

Ainsi, l'avenir de l'identité culturelle française repose sur notre capacité à relever ces défis avec sagesse et discernement. En conjuguant tradition et modernité, ouverture et préservation, la France peut tracer un avenir prometteur pour sa culture, enrichissant le patrimoine mondial tout en restant fidèle à ses racines.

JEUNESSE FRANÇAISE : ENTRE ESPOIR ET DÉSILLUSION

Contextualisation de la jeunesse actuelle

La jeunesse française d'aujourd'hui est confrontée à un ensemble complexe de défis, qui façonnent profondément ses aspirations et sa vision de l'avenir. Cette génération en mouvement se trouve au carrefour de nombreuses forces sociales, économiques et technologiques, créant un paysage dynamique, mais souvent ambigu. Explorer l'état actuel des jeunes en France révèle une diversité de situations et d'expériences, allant des étudiants ambitieux aux jeunes en quête d'emploi, en passant par ceux engagés dans des causes sociales et politiques. Les défis auxquels ils sont confrontés sont multiples, allant de l'incertitude économique à la pression sociale en passant par les difficultés liées à la transition vers l'âge adulte. Le chômage des jeunes, en particulier, reste une préoccupation majeure, affectant non seulement leur stabilité financière, mais aussi leur bien-être émotionnel et leur sentiment d'accomplissement. En parallèle, l'influence croissante des médias sociaux a catalysé une transformation significative dans la manière dont cette génération perçoit son avenir. Les opportunités offertes par la connectivité numérique ont ouvert de nouveaux horizons tout en exposant les jeunes à un flot incessant d'informations, d'idéaux et de pressions. Cette juxtaposition de possibilités et de contraintes contribue à façonner un paysage où les rêves et les ambitions des jeunes se confrontent souvent à des réalités parfois déconcertantes. Comprendre comment la jeunesse française perçoit son avenir est essentiel pour appréhender les perspectives et les attentes de cette génération clé, non seulement en tant qu'individus, mais aussi en tant que futurs acteurs de la société. En examinant de plus près ces éléments, nous pourrons mieux appréhender le contexte dans lequel évolue la jeunesse française aujourd'hui, ainsi que les évolutions potentielles qui façonneront son avenir.

Aspirations et rêves d'une génération en mouvement

La jeunesse française, marquée par une époque de bouleversements sociaux, économiques et politiques, porte en elle des aspirations profondes et des rêves qui façonnent ses choix et ses actions. Cette génération en mouvement se caractérise par une quête de sens, une volonté d'impact et une soif de liberté. Les jeunes aspirent à trouver un équilibre entre leurs ambitions personnelles et leur contribution à la société. Ils rêvent d'un monde où les opportunités sont accessibles à tous, où la diversité est célébrée et où l'égalité des chances n'est pas un vain mot. La jeunesse d'aujourd'hui est animée par des idéaux d'inclusion, de durabilité et de justice sociale. Elle aspire à repousser les limites, à découvrir de nouveaux horizons et à se réaliser pleinement dans un monde en constante évolution. Ces aspirations ne se limitent pas à des réussites individuelles, mais s'étendent à une volonté de construire un avenir collectif, solidaire et harmonieux. Les jeunes expriment leur désir de se sentir utiles, de participer à des projets porteurs de sens et de laisser leur empreinte dans le tissu social. Leur volonté d'entreprendre, d'innover et de bousculer les conventions est le reflet d'une génération résolument tournée vers l'avenir. Les rêves de la jeunesse française incarnent l'espoir d'un changement positif, d'une transformation profonde et d'une société plus inclusive. Ils révèlent une force collective prête à relever les défis du XXIe siècle avec détermination et audace, nourrissant ainsi l'espoir d'un avenir où les idéaux de cette génération s'épanouiront pleinement.

La réalité du marché de l'emploi pour les jeunes

La recherche d'emploi pour les jeunes en France est souvent un défi ardu, marqué par la concurrence féroce et les exigences croissantes du marché du travail. Avec une offre d'emplois insuffisante par rapport au nombre de jeunes entrant sur le marché, beaucoup font face à des difficultés pour trouver un emploi stable et correspondant à leurs qualifications. Les stages non rémunérés et les contrats précaires sont devenus monnaie courante, privant les jeunes travailleurs de la sécurité et de la stabilité indispensables pour construire leur avenir. En outre, les secteurs traditionnellement attractifs connaissent également des bouleversements, conduisant à une remise en question des choix professionnels et des perspectives d'évolution de carrière.

Parallèlement, les jeunes doivent composer avec une pression grandissante pour être polyvalents et dotés de compétences multiples. Les mutations technologiques et les évolutions économiques exigent une adaptabilité constante, incitant les jeunes à poursuivre une formation continue pour rester compétitifs sur le marché du travail. Cette quête permanente de mise à niveau engendre parfois un sentiment d'insécurité et de précarité chez les jeunes, qui ressentent le poids des incertitudes liées à l'avenir professionnel.

Le chômage des jeunes a également des répercussions sociales et psychologiques considérables. Le manque d'opportunités d'emploi stables peut entraîner un sentiment de désespoir et de frustration, compromettant le bien-être mental des jeunes individus. Les effets de cette instabilité économique se font ressentir dans leurs relations familiales et amicales, ainsi que dans leur vision globale de la société. De plus, l'impossibilité de s'émanciper financièrement retarde souvent les projets de vie des jeunes, affectant leur autonomie et leur capacité à envisager l'avenir avec sérénité.

Dans ce contexte, il est primordial de reconnaître les défis auxquels sont confrontés les jeunes sur le marché de l'emploi et d'élaborer des politiques publiques visant à renforcer leur insertion professionnelle. La création d'opportunités d'emploi durables, l'encouragement de l'entrepreneuriat et le développement de programmes de formation adaptés aux besoins actuels du marché constituent des leviers essentiels pour soutenir la jeunesse dans sa quête d'épanouissement professionnel et personnel.

L'impact des réseaux sociaux sur les opinions politiques

Les réseaux sociaux ont profondément modifié la façon dont les individus interagissent, communiquent et formulent leurs opinions politiques. Avec la rapidité de diffusion de l'information, ces plateformes sont devenues un terrain propice à l'influence et à la formation des opinions. Les utilisateurs se retrouvent immergés dans un flux constant de contenus politiques, souvent issus de sources diverses et parfois contradictoires. Cette profusion d'informations peut conduire à une polarisation des opinions, où chacun tend à s'entourer de discours qui confortent ses propres convictions, créant ainsi des bulles idéologiques. Par ailleurs, les réseaux sociaux offrent une tribune sans précédent aux mouvements politiques et citoyens, permettant une mobilisation rapide et des actions de protestation à grande échelle. Les campagnes politiques exploitent également ces plateformes pour diffuser leur message et cibler des publics spécifiques en fonction des données démographiques et comportementales recueillies. Cependant, cette omniprésence de la politique dans l'espace numérique n'est pas sans conséquences. En exposant les utilisateurs à une abondance de contenus politiques, les réseaux sociaux peuvent engendrer une fatigue informationnelle et une méfiance accrue envers les médias traditionnels. De plus, la viralité et la visibilité instantanée des publications sur ces plateformes peuvent favoriser la diffusion de fausses informations et de théories du complot, impactant ainsi la santé du débat démocratique. Sans oublier que les algorithmes des réseaux sociaux tendent à renforcer les biais cognitifs des utilisateurs, en leur proposant du contenu en accord avec leurs préférences passées, ce qui peut entraîner une vision partiale et limitée de la réalité politique. Malgré ces défis, les réseaux sociaux demeurent un espace d'échanges et de mobilisation incontournable pour la jeunesse, jouant un rôle majeur dans la formation et l'expression de ses opinions politiques.

Education et formation face aux défis contemporains

L'éducation et la formation sont des piliers essentiels pour préparer la jeunesse française à faire face aux défis contemporains. Avec l'évolution rapide de la société, il est impératif d'adapter les méthodes d'enseignement et de fournir des opportunités de formation qui reflètent les besoins changeants des jeunes. L'accès à une éducation de qualité, équitable et inclusive est crucial pour assurer que chaque individu puisse réaliser son plein potentiel.

Dans un monde en constante mutation, les compétences demandées sur le marché du travail continuent d'évoluer. Les jeunes doivent être équipés de connaissances pratiques et de compétences transférables pour réussir dans un environnement professionnel complexe. Cela appelle à une collaboration étroite entre les institutions éducatives, les entreprises et les organismes de formation professionnelle pour concevoir des programmes pertinents et actualisés.

Parallèlement, il est important de reconnaître l'importance de l'éducation non formelle et informelle. Les expériences extra-scolaires, les stages, le bénévolat et les projets communautaires offrent aux jeunes des opportunités d'apprentissage enrichissantes qui complètent le cadre académique. Encourager ces formes d'apprentissage tout au long de la vie peut contribuer à renforcer l'employabilité et la résilience des jeunes face aux changements économiques et sociaux.

En outre, l'éducation doit répondre aux besoins des jeunes dans un contexte mondialisé. La sensibilisation interculturelle, les langues étrangères et les connaissances sur les enjeux mondiaux devraient être intégrées dans les programmes pour cultiver une vision globale chez les étudiants. Une telle préparation favorise une participation active dans une société multiculturelle et renforce la capacité des jeunes à s'adapter aux dynamiques internationales.

Afin de garantir l'égalité des chances, il est également crucial de réduire les inégalités dans l'accès à l'éducation et à la formation. Les dispositifs d'aide financière, les programmes de soutien scolaire et la promotion de l'inclusion des groupes marginalisés jouent un rôle vital dans l'élargissement des opportunités éducatives pour tous. En travaillant à créer un environnement éducatif inclusif, la société peut investir dans la diversité des talents et des perspectives, renforçant ainsi son propre tissu social et économique.

En somme, l'éducation et la formation sont des leviers majeurs pour outiller la jeunesse française face aux défis contemporains. En adaptant les systèmes éducatifs pour répondre aux besoins changeants des jeunes et en promouvant l'égalité des chances, nous pouvons édifier une génération prête à façonner un avenir prospère et harmonieux.

Engagement politique et militantisme chez les jeunes

La question de l'engagement politique et du militantisme chez les jeunes constitue un enjeu majeur dans la société contemporaine. Alors que certaines générations antérieures étaient fortement investies dans des mouvements politiques et sociaux, une tendance de désengagement a émergé au sein de la jeunesse actuelle. Toutefois, cela ne signifie pas que cette tranche de la population est complètement apathique ou désintéressée par les affaires publiques. Au contraire, de nouvelles formes d'engagement émergent, souvent marquées par des manifestations, des pétitions en ligne, ou encore une participation active sur les réseaux sociaux. Cette évolution reflète une transformation des modalités d'engagement, plus en phase avec les réalités technologiques et communicationnelles contemporaines. Par ailleurs, certains jeunes s'investissent de manière plus traditionnelle au sein de partis politiques ou d'associations militantes, cherchant à exercer une influence directe sur le débat public. Cet engagement politique se manifeste également à travers des actions citoyennes, telles que la participation à des projets locaux, des actions humanitaires ou environnementales. Il est donc primordial de reconnaître la diversité des formes d'engagement existantes, chacune représentant une réponse aux défis et préoccupations propres à la jeunesse. Par ailleurs, il convient de souligner le rôle déterminant des événements politiques et sociétaux dans la mobilisation des jeunes. Que ce soit à travers des revendications liées à l'environnement, à la justice sociale, ou à l'égalité des chances, les jeunes trouvent dans ces causes des motifs d'engagement et de militantisme. Enfin, il est essentiel de comprendre que cet engagement n'est pas figé, mais qu'il évolue en fonction des contextes, des enjeux et des interactions sociales. Ainsi, l'étude de l'engagement politique et militantisme chez les jeunes constitue un enjeu fondamental pour appréhender les dynamiques sociales et politiques contemporaines, et pour envisager les perspectives d'une participation citoyenne renouvelée.

Désillusion et désengagement : une tendance croissante?

La jeunesse française, autrefois reconnue pour son engagement civique et politique, semble aujourd'hui être touchée par un sentiment de désillusion et de désengagement à l'égard des institutions traditionnelles. Ce phénomène, en constante évolution, soulève des préoccupations concernant l'avenir de la démocratie et de la participation citoyenne. Plusieurs facteurs semblent contribuer à cette tendance croissante. D'abord, la perte de confiance envers les partis politiques et les dirigeants politiques a conduit de nombreux jeunes à s'éloigner des processus démocratiques classiques, se sentant déconnectés des décisions qui les affectent directement. Ensuite, l'émergence de nouvelles formes de militantisme et d'activisme en ligne a pu conduire à un certain désintérêt pour les formes plus traditionnelles d'engagement politique, alors que les plateformes numériques offrent de nouvelles voies pour l'expression des opinions et des revendications. De plus, la précarité économique, le chômage persistant et l'incertitude quant à l'avenir professionnel ont pu engendrer un sentiment d'impuissance et de découragement chez les jeunes, les poussant à se concentrer davantage sur leur survie quotidienne que sur des questions politiques et sociales plus larges. Les récents mouvements sociaux et contestataires, portés en grande partie par la jeunesse, témoignent toutefois d'un regain d'intérêt pour les enjeux de société et d'une volonté de participation active. Néanmoins, il demeure essentiel de comprendre et d'adresser les causes sous-jacentes du désillusionnement et du désengagement chez les jeunes, afin de revitaliser la démocratie et de favoriser une participation significative dans la vie publique.

Les perspectives économiques influençant les choix de vie

Les perspectives économiques ont toujours joué un rôle crucial dans la formation des aspirations et des décisions de nos jeunes. La situation financière globale du pays, le marché du travail et les opportunités d'avancement professionnel impactent directement les choix de vie des individus en début de carrière. Malheureusement, la conjoncture économique actuelle présente des défis importants pour la jeunesse française. Le taux de chômage élevé, surtout parmi les jeunes diplômés, crée une atmosphère d'incertitude et de précarité. De plus, la montée du coût de la vie, notamment dans les centres urbains, rend difficile l'établissement d'une sécurité financière pour de nombreux jeunes. Ces obstacles économiques influencent non seulement le mode de vie des jeunes, mais aussi leurs projets d'avenir. Beaucoup se retrouvent à repousser des étapes traditionnelles de la vie adulte tels que l'achat d'un logement ou la fondation d'une famille, faute de moyens financiers suffisants. Cette situation peut entraîner un sentiment d'impuissance face à l'avenir et nuire à la confiance en l'ascension sociale. Dans ce contexte, il est essentiel de développer des politiques économiques qui favorisent l'emploi des jeunes et encouragent l'entrepreneuriat. Garantir des opportunités d'emplois stables avec des salaires justes est un premier pas crucial vers la création d'un environnement favorable à l'épanouissement de la jeunesse. De même, soutenir l'accès au logement abordable et aux prêts avantageux peut contribuer à atténuer les inquiétudes financières des jeunes adultes. En outre, investir dans des programmes de formations adaptées aux besoins du marché du travail permettrait de mieux préparer les jeunes à affronter les réalités économiques de notre époque. Enfin, encourager l'épargne et l'investissement dans la jeunesse, à travers des incitations fiscales par exemple, pourrait favoriser la constitution d'un capital financier nécessaire pour réaliser leurs projets de vie. En somme, les perspectives économiques exercent une influence profonde sur les choix de vie des jeunes français. Il appartient à la société dans son ensemble, et à nos dirigeants en particulier, de créer un environnement économique propice à l'épanouissement de cette génération, qui est pourtant porteuse de tant de promesses et d'innovations.

Cultures urbaines et subcultures : expressions de la diversité

Les cultures urbaines et les subcultures captivent l'imaginaire de la jeunesse française, offrant un espace d'expression et un sentiment d'appartenance unique. Qu'il s'agisse du hip-hop, du graffiti, du street art, ou de la culture skate et punk, ces formes artistiques et modes de vie alternatives reflètent la richesse et la diversité des expériences des jeunes dans les environnements urbains. Ces mouvements agissent comme des réponses créatives aux défis sociaux et économiques rencontrés par la jeunesse, offrant une plateforme pour partager des messages et des récits souvent marginalisés dans la société traditionnelle. La vitalité des cultures urbaines réside dans leur capacité à fusionner l'innovation artistique avec la contestation sociale, créant des espaces de liberté et de contestation où la jeunesse peut explorer son identité et ses préoccupations. En s'imprégnant de ces cultures, les jeunes trouvent des moyens de se connecter avec des perspectives et des expériences qui transcendent les frontières socio-économiques et ethniques. Toutefois, ces manifestations culturelles ne sont pas sans conflits, car elles suscitent parfois des questions sur la légitimité et la portée de leur impact. Les débats sur la glorification de comportements à risque, le rapport à la propriété privée lié au graffiti, ou encore la commercialisation de courants artistiques authentiques reflètent les tensions entre la reconnaissance mainstream et l'authenticité propre à ces mouvements. Néanmoins, il est indéniable que ces cultures urbaines et subcultures jouent un rôle significatif dans la construction de l'identité et de la diversité culturelle au sein de la jeunesse française, offrant un espace d'expression et de créativité essentiel dans un contexte en constante évolution.

Synthèse et perspectives d'avenir pour la jeunesse française

La jeunesse française est indubitablement un élément crucial de l'avenir de la nation. Sa diversité, ses aspirations et ses défis façonnent un paysage social en perpétuelle évolution. En dressant une synthèse des différents thèmes abordés jusqu'à présent, il est possible de dégager quelques perspectives prometteuses pour l'avenir de cette jeunesse dynamique. La richesse et la vitalité des cultures urbaines et des subcultures reflètent la mosaïque de talents et de sensibilités qui caractérisent la jeunesse contemporaine. Ces expressions artistiques et identitaires offrent des voies d'épanouissement et de reconnaissance pour une génération en quête de sens et de créativité.

Cependant, cette vitalité culturelle s'accompagne également de défis sociétaux et économiques. L'accès à l'emploi demeure une préoccupation majeure pour de nombreux jeunes, qui aspirent à s'insérer dans une société en mutation. Les politiques éducatives et les dispositifs de formation professionnelle jouent ainsi un rôle crucial dans la construction d'un avenir plus radieux pour la jeunesse française. Il est impératif que ces questions soient placées au cœur des débats sociétaux et politiques, afin de garantir des opportunités équitables pour tous les jeunes.

Par ailleurs, l'influence croissante des réseaux sociaux sur les opinions politiques et la formation de l'identité individuelle nécessite une réflexion profonde quant à la manière dont les jeunes interagissent avec ces plateformes numériques. L'éducation aux médias et à la citoyenneté numérique apparaît comme un enjeu essentiel pour préparer la jeunesse à exercer pleinement sa citoyenneté dans un monde de plus en plus connecté.

Enfin, la question de l'engagement politique et citoyen chez les jeunes suscite un intérêt croissant. Les mouvements de contestation et les formes renouvelées de militantisme témoignent d'une volonté de participer activement à la vie démocratique. Soutenir cette mobilisation tout en offrant des perspectives d'avenir concrètes constitue un défi et une responsabilité majeure pour l'ensemble de la société.

Pour conclure, l'avenir de la jeunesse française repose sur une prise de conscience collective de l'importance de garantir à chaque jeune la possibilité de s'épanouir, de contribuer à la vie sociale et économique, et de participer pleinement à la construction d'un avenir commun. Cela nécessite des politiques ambitieuses et inclusives, mais également une transformation profonde des mentalités, afin que la diversité et la vitalité de la jeunesse soient perçues comme des atouts majeurs pour la France de demain.

STRATÉGIES POLITIQUES ET POUVOIRS MÉDIATIQUES

Introduction aux dynamiques actuelles

L'ÉTUDE DE L'INTERACTION ENTRE les évènements politiques contemporains et leur traitement médiatique révèle des dynamiques complexes au cœur de notre société. Il est indéniable que les médias jouent un rôle crucial dans la façon dont le public perçoit et interprète les évènements politiques. Les dernières décennies ont été marquées par une transformation profonde du paysage médiatique, avec l'avènement des médias sociaux et la montée en puissance de nouvelles formes de communication. Cette évolution a eu des répercussions majeures sur la manière dont l'information politique est diffusée et consommée. La couverture médiatique des évènements politiques est déterminante dans la construction de l'opinion publique et la formation des perceptions collectives. L'essor des médias numériques a non seulement multiplié les sources d'information, mais a également posé des défis en termes de vérification et de fiabilité des contenus. Parallèlement, la polarisation croissante de l'espace médiatique a alimenté des débats houleux et parfois stériles, mettant en lumière les tensions idéologiques et les biais perceptifs qui influencent la représentation des évènements politiques. Il est essentiel d'analyser de manière critique la manière dont les médias abordent et interprètent les faits politiques, en examinant notamment les choix éditoriaux, les angles de traitement et les discours médiatiques dominants. Comprendre la corrélation entre les évènements politiques et leur couverture médiatique nous permet de décrypter les mécanismes sous-jacents de la construction de l'agenda politique et de la formation des opinions. En explorant ces dynamiques actuelles, nous sommes amenés à questionner la nature de la relation entre le monde politique et le quatrième pouvoir, ainsi que les implications de cette interaction sur la démocratie et le fonctionnement de nos sociétés.

Historique des liaisons politico-médiatiques

Les liaisons entre le monde politique et les médias ont une histoire riche et complexe qui remonte à plusieurs siècles. L'évolution de cette relation a façonné et influencé divers événements politiques et sociétaux. Au cours du 19e siècle, avec l'avènement de la presse moderne, la collaboration entre les politiciens et les journaux a commencé à prendre une place prépondérante dans la sphère publique. Les journalistes influents ont souvent agi comme porte-parole non officiels des dirigeants politiques, contribuant ainsi à façonner l'opinion publique. Cette proximité entre les deux sphères a suscité à la fois intérêt et méfiance. Au 20e siècle, l'avènement de la radio et de la télévision a marqué un tournant majeur dans la dynamique politico-médiatique. Les discours politiques ont pu atteindre un public plus large, tandis que les médias ont gagné en pouvoir pour modeler l'agenda politique. La montée en puissance des talk-shows, débats télévisés et campagnes publicitaires a renforcé l'interconnexion entre les acteurs politiques et médiatiques. Cependant, ces relations ont également fait face à des défis liés à l'objectivité de l'information et à la manipulation de l'opinion publique. Plus récemment, l'avènement d'Internet et des médias sociaux a profondément modifié la dynamique politico-médiatique. Les plateformes numériques offrent un espace sans précédent pour la circulation et la diffusion de l'information, créant de nouvelles opportunités et défis pour les acteurs politiques et médiatiques. La viralité des informations et la rapidité de leur propagation ont transformé la nature même du dialogue politique, demandant aux politiciens une adaptation rapide à cet environnement en constante évolution. Ces bouleversements ont souligné l'importance cruciale d'une analyse critique des sources d'information et ont soulevé des questions sur la responsabilité des médias dans la formulation de l'opinion publique. Ainsi, l'histoire des liens entre le monde politique et les médias offre un éclairage essentiel pour comprendre les enjeux actuels et anticipe les défis futurs de cette relation complexe.

Analyse des stratégies médiatiques contemporaines

L'analyse des stratégies médiatiques contemporaines révèle un paysage en constante évolution, façonné par la convergence des médias traditionnels et des nouvelles plateformes numériques. Les acteurs politiques et les médias ont dû s'adapter à cette mutation technologique, redéfinissant ainsi les stratégies de communication et d'influence. Dans cette ère de l'information instantanée, la viralité des contenus sur les réseaux sociaux a bouleversé les dynamiques médiatiques. Les campagnes politiques intègrent désormais une dimension digitale omniprésente, exploitant les algorithmes pour cibler et mobiliser les publics spécifiques. Parallèlement, les fake news et la désinformation représentent des défis majeurs, remettant en question la fiabilité de l'information diffusée. Les médias traditionnels ont également dû repenser leurs modèles économiques face à la concurrence des plateformes en ligne, impactant leur indépendance éditoriale. La polarisation croissante de l'audience a conduit à une segmentation de l'information, renforçant les biais cognitifs et idéologiques. Les stratégies médiatiques contemporaines s'appuient sur une profonde connaissance des audiences et des mécanismes de l'engagement, donnant naissance à une communication politique plus personnalisée et segmentée. Toutefois, cette personnalisation accrue comporte le risque de fragmenter davantage le débat public et de favoriser l'isolement relationnel. Face à ces enjeux, il est essentiel d'instaurer un dialogue constructif entre les institutions, les médias et la société civile afin de garantir la transparence, l'éthique et la responsabilité dans la diffusion de l'information politique. La surveillance accrue des régulations médiatiques et la promotion d'une culture de vérification des faits sont nécessaires pour préserver l'intégrité du processus démocratique. En définitive, l'analyse des stratégies médiatiques contemporaines souligne l'impératif d'une adaptation constante aux évolutions technologiques, tout en préservant les valeurs fondamentales de pluralisme, d'objectivité et de diversité dans la sphère médiatique.

Le pouvoir influent des réseaux sociaux

Les réseaux sociaux ont connu une ascension fulgurante au cours des dernières décennies, transformant de manière significative la manière dont l'information est diffusée et perçue. Ces plateformes en ligne, telles que Facebook, Twitter, Instagram et YouTube, ont créé un espace numérique où les individus peuvent partager leurs opinions, idées et expériences à une échelle sans précédent. Par conséquent, les réseaux sociaux ont acquis une influence majeure dans le paysage médiatique, jouant un rôle crucial dans la formation de l'opinion publique et l'orientation des débats politiques.

L'un des aspects les plus marquants du pouvoir des réseaux sociaux réside dans leur capacité à amplifier et viraliser l'information à une vitesse phénoménale. Les contenus partagés sur ces plateformes peuvent rapidement atteindre des audiences massives, souvent sans être filtrés ou vérifiés pour leur exactitude. Cette propagation rapide peut conduire à la diffusion de fausses informations et de théories conspirationnistes, alimentant ainsi la polarisation et la méfiance au sein de la société. Parallèlement, les réseaux sociaux offrent également une tribune aux voix marginales et aux mouvements de contestation, permettant une diversification des perspectives et une mobilisation citoyenne accrue.

En outre, les réseaux sociaux ont considérablement modifié la relation entre les politiciens et leurs électeurs. Les dirigeants politiques utilisent désormais ces plateformes pour communiquer directement avec le public, contourner les médias traditionnels et façonner leur image publique. Toutefois, cela soulève des questions quant à la transparence de la communication politique et à la manipulation de l'opinion par le biais de discours ciblés. De plus, la viralité des contenus sur les réseaux sociaux peut conduire à la simplification excessive des discours politiques, favorisant les slogans accrocheurs au détriment des débats nuancés et complexes.

Par ailleurs, les réseaux sociaux ont suscité des préoccupations croissantes quant à la protection des données personnelles et à la vie privée des utilisateurs. Les scandales liés à l'utilisation abusive des données par certaines plates-formes ont mis en lumière les risques associés à cette omniprésence numérique. En effet, la collecte et l'exploitation des informations personnelles à des fins commerciales ou politiques posent des défis majeurs en matière d'éthique et nécessitent une régulation adéquate pour préserver les droits fondamentaux des individus. Face à ces enjeux, les pouvoirs publics et les institutions internationales sont appelés à agir pour encadrer l'usage des réseaux sociaux et assurer une cohabitation saine entre ces plateformes et les normes démocratiques. En conclusion, il est indéniable que les réseaux sociaux exercent une influence capitale dans nos sociétés contemporaines, apportant à la fois des opportunités et des défis majeurs qui nécessitent une réflexion approfondie et des actions concertées.

Cas pratiques de manipulation médiatique

La manipulation médiatique est une réalité bien présente dans notre société contemporaine. À travers des cas concrets, il est possible d'appréhender la complexité et les conséquences de ces manipulations sur l'opinion publique et la démocratie. Prenons par exemple le phénomène de la désinformation orchestrée par certains acteurs politiques et relayée massivement par les médias traditionnels ainsi que sur les réseaux sociaux. Cette désinformation peut revêtir diverses formes telles que la diffusion de fausses nouvelles, la déformation de propos ou encore la diabolisation d'opposants politiques. Ces pratiques visent à altérer la perception du public, semer la confusion et influencer les orientations politiques. Nous pouvons également observer des stratégies de diversion médiatique mises en œuvre pour détourner l'attention de sujets importants ou pour créer des controverses artificielles afin de masquer des enjeux cruciaux. La multiplication des contenus sensationnalistes et la polarisation de l'information participent à fragiliser la pertinence des débats démocratiques. La collusion entre certains politiciens et certains médias, qui favorisent des discours populistes et simplistes au détriment d'une analyse approfondie des enjeux, constitue un autre exemple patent de manipulation médiatique. Ces alliances stratégiques visent à capter l'attention du public et à engendrer une adhésion émotionnelle plutôt que rationnelle, compromettant ainsi la qualité du débat public. Encore plus préoccupant, nous observons des cas avérés de censure et de contrôle de l'information au travers de pressions économiques ou politiques exercées sur les organes de presse, menaçant ainsi la liberté d'expression et l'indépendance journalistique. Face à ces cas de manipulation médiatique, il devient impératif de promouvoir une culture de conscientisation citoyenne, de développer un esprit critique face aux informations et de soutenir des médias indépendants rappelant leur mission d'informer et non de manipuler. La régulation des plateformes numériques et des médias traditionnels doit également être envisagée pour préserver l'intégrité de l'information et consolider les fondements d'une démocratie saine et éclairée.

Les médias traditionnels vs. nouveaux médias

Dans le paysage médiatique actuel, une dualité se dessine entre les médias traditionnels et les nouveaux médias, créant un débat sans fin sur l'impact de leur coexistence sur la société. Les médias traditionnels, tels que la presse écrite, la radio et la télévision, ont longtemps été les principaux canaux d'information du public. Leur structure éditoriale établie et leurs normes rigoureuses ont historiquement façonné la manière dont l'actualité était présentée et interprétée. Cependant, l'avènement des nouveaux médias, tels que les plateformes en ligne, les réseaux sociaux et les blogs, a bouleversé ce paradigme, offrant des perspectives alternatives et un accès direct à l'information.

Les médias traditionnels sont souvent associés à la crédibilité et à la rigueur journalistique, forgée au fil des décennies. Leur capacité à fournir une analyse approfondie et nuancée a longtemps été valorisée par le public. Cependant, les contraintes temporelles et l'espace limité imposés par ces médias peuvent restreindre la couverture complète et diversifiée de l'actualité. En revanche, les nouveaux médias offrent une diversité d'opinions et de sources, permettant une pluralité de récits et de perspectives. Cependant, cette liberté peut parfois conduire à une diffusion d'informations non vérifiées et à la prolifération de la désinformation.

La rapidité de transmission de l'information est l'un des atouts majeurs des nouveaux médias, permettant une diffusion quasi-instantanée des événements. En revanche, cette vitesse peut parfois sacrifier la précision et la contextualisation des faits rapportés. De plus, la viralité des contenus sur les réseaux sociaux peut amplifier leur portée, mais aussi engendrer des effets de polarisation et d'engouement émotionnel. En comparaison, les médias traditionnels ont historiquement privilégié une approche plus réfléchie et structurée de la diffusion de l'information, cherchant à contextualiser les événements pour une meilleure compréhension.

Le défi actuel consiste à trouver un équilibre entre ces deux types de médias, en tirant parti de leurs forces respectives tout en atténuant leurs faiblesses. L'intégration de fact-checking et de normes éditoriales strictes dans les nouveaux médias pourrait garantir une information fiable et vérifiée, tandis que l'adaptation des médias traditionnels aux nouvelles plateformes numériques peut favoriser une plus grande interaction avec le public. Ce dialogue constant entre les médias traditionnels et les nouveaux médias façonne l'évolution de la sphère médiatique et influence inévitablement la perception publique des enjeux sociopolitiques.

Impact des médias sur l'opinion publique

Les médias exercent depuis longtemps une influence significative sur l'opinion publique. Leur capacité à façonner les perceptions, les croyances et les attitudes des individus est un phénomène incontestablement puissant. Les médias traditionnels, tels que la presse écrite, la radio et la télévision, ont historiquement joué un rôle prépondérant dans la formation de l'opinion publique. Leur capacité à sélectionner, interpréter et présenter l'information a souvent été déterminante dans la manière dont le public perçoit le monde qui l'entoure. Cependant, l'avènement des nouveaux médias, tels que les plateformes de réseaux sociaux et les sites d'information en ligne, a profondément modifié la dynamique de l'influence médiatique. Ces nouveaux médias offrent une pluralité de sources d'information et permettent aux individus de participer activement à la diffusion et à la création de contenus. Ainsi, l'impact des médias sur l'opinion publique s'est considérablement diversifié et complexifié. L'omniprésence des médias dans la vie quotidienne a également conduit à une saturation de l'information, rendant parfois difficile la distinction entre faits et opinions. Cette confusion peut entraîner la formation de perceptions biaisées ou erronées, influençant ainsi l'opinion publique de manière non négligeable. De plus, la viralité des contenus sur les nouveaux médias peut amplifier certains discours ou événements, contribuant à façonner rapidement et intensément l'opinion publique. La rapidité avec laquelle l'information circule sur ces plateformes peut donc avoir un impact immédiat et parfois irréversible sur la perception collective d'un sujet donné. En outre, l'algorithme de recommandation utilisé par bon nombre de plateformes numériques peut aboutir à la création de bulles informationnelles, où les individus sont exposés à des contenus qui renforcent leurs propres croyances, isolant ainsi les points de vue divergents. Cette polarisation de l'information peut accentuer les clivages au sein de l'opinion publique, attisant les tensions sociales et politiques. Par conséquent, il est essentiel de comprendre l'impact profond des médias sur l'opinion publique afin de promouvoir une consommation critique de l'information et de garantir un débat public éclairé et inclusif.

Réponses politiques aux défis médiatiques

La relation complexe entre les politiques et les médias est depuis longtemps au cœur de la scène publique. Les défis médiatiques posés par l'évolution des technologies de communication ont conduit à une réévaluation des stratégies politiques. Face à la prolifération des médias sociaux et à la rapidité de diffusion de l'information, les acteurs politiques sont confrontés à de nouveaux défis et opportunités. Pour répondre à ces défis, diverses approches et réponses politiques émergent dans le paysage contemporain. Tout d'abord, on observe une tendance à l'utilisation proactive des médias sociaux par les partis politiques. Ces plateformes offrent un moyen direct et immédiat d'atteindre les électeurs, de diffuser des messages ciblés et de mobiliser rapidement des soutiens. Cependant, cette utilisation intensive des médias sociaux soulève également des questions sur la diffusion de fausses informations et la manipulation de l'opinion publique. En réponse à ces préoccupations croissantes, des initiatives visant à réguler et surveiller les contenus diffusés sur les réseaux sociaux voient le jour. Parallèlement, les politiques traditionnelles de communication restent toujours d'actualité. Les discours officiels, les meetings publics, et les interventions médiatiques continuent de jouer un rôle clé dans les campagnes politiques. Cependant, leur efficacité est désormais soumise à une concurrence accrue avec les nouvelles formes de communication. Ainsi, les politiciens cherchent à renouveler leurs stratégies traditionnelles pour capter l'attention du public et contrer les influences médiatiques négatives. De plus, les gouvernements sont de plus en plus amenés à répondre aux crises médiatiques. La gestion des scandales, des controverses et des crises de confiance devient un enjeu majeur pour maintenir la légitimité politique. Des cellules de communication spéciales sont mises en place pour gérer les situations de crise et limiter l'impact négatif sur l'image des dirigeants et des institutions. En somme, les réponses politiques aux défis médiatiques englobent un large éventail de stratégies et d'adaptations. Elles reflètent la nécessité constante pour les acteurs politiques de naviguer dans un paysage médiatique en mutation perpétuelle, tout en préservant l'intégrité de la démocratie et la transparence des débats publics.

Rôle des médias dans les crises politiques

La place des médias dans les crises politiques a toujours été un sujet de débat intense. En effet, les médias exercent une influence significative sur la dynamique des crises politiques, façonnant l'opinion publique et jouant un rôle crucial dans la perception des événements. Tout au long de l'histoire, les médias ont été à la fois témoins et acteurs des crises politiques, contribuant à façonner le discours public et à influencer les décisions politiques. L'émergence des nouveaux médias a également apporté de nouveaux défis et opportunités, avec la diffusion rapide et souvent non filtrée de l'information. Dans les moments de crise politique, les médias traditionnels et les plateformes en ligne se retrouvent ainsi au cœur des enjeux de transparence, de responsabilité et d'éthique.

Lorsque surviennent des crises politiques, les médias jouent un rôle central dans la transmission et l'interprétation des événements. Leur capacité à rapporter de manière équilibrée et précise les faits, tout en fournissant une analyse approfondie, peut grandement influencer la perception du public et des acteurs politiques. Cependant, il est important de reconnaître que les médias ne sont pas des observateurs neutres ; leur choix éditorial, leur traitement de l'information et les angles de couverture peuvent introduire des biais significatifs. Les crises politiques exacerbent cette situation, car les enjeux émotionnels et sociaux sont souvent intenses, et la pression pour produire des reportages accrocheurs et réactifs peut compromettre la rigueur journalistique.

Par ailleurs, les médias traditionnels et les nouveaux médias interagissent de manière complexe pendant les crises politiques. Les réseaux sociaux et les plateformes en ligne offrent une vitrine instantanée à diverses perspectives et réactions, mais peuvent également propager rapidement des informations erronées, des rumeurs ou même des discours de haine. Face à ces défis, les médias traditionnels font face à la nécessité d'innover et de s'adapter tout en maintenant des normes de qualité journalistique et d'intégrité.

En outre, le rôle des médias dans la résolution des crises politiques ne se limite pas à la simple couverture des événements. Ils peuvent également jouer un rôle crucial dans la promotion du dialogue, de la compréhension et de la recherche de solutions. Les médias peuvent offrir une plateforme pour les voix diverses et les opinions divergentes, donnant ainsi l'occasion d'enrichir le débat public. Cependant, cela suppose également une responsabilité accrue dans la présentation équilibrée des perspectives et le rejet des discours toxiques et polarisants.

En somme, le rôle des médias dans les crises politiques est complexe et multidimensionnel. Leur influence sur l'opinion publique et la sphère politique est indéniable, mais elle s'accompagne également de défis éthiques, de responsabilité sociale et de nécessité d'innovation. Comprendre et aborder ce rôle de manière critique et réfléchie est essentiel pour favoriser une couverture médiatique éclairée, constructive et éthique des crises politiques, et pour renforcer la démocratie dans son ensemble.

Perspectives futures: Éthique et régulations

Le monde médiatique évolue à un rythme effréné, influençant de manière significative les dynamiques politiques. Dans cette ère numérique, la question de l'éthique et des régulations devient essentielle pour préserver une sphère publique informée et équilibrée. Les avancées technologiques ont permis une rapide diffusion de l'information et ont rendu les médias plus accessibles que jamais. Cependant, cette ubiquité a également introduit des défis majeurs en termes de véracité, d'intégrité et de responsabilité. Face à ces enjeux, il est impératif de réfléchir aux mesures nécessaires pour promouvoir un paysage médiatique éthique et fiable. La première étape consiste à établir des normes strictes en matière de professionnalisme journalistique. Les pratiques de fact-checking, la vérification des sources et la transparence dans le traitement de l'information sont des éléments fondamentaux pour garantir la fiabilité des médias. De plus, il est crucial d'encourager une diversité éditoriale et de perspectives au sein des organes de presse afin de garantir une représentation plurielle des opinions. Outre ces initiatives internes, la mise en place de régulations externe est impérieuse. Les autorités doivent élaborer des politiques législatives visant à contrôler la désinformation, à protéger la vie privée des individus et à limiter la propagation de discours haineux ou discriminatoires. Ces régulations doivent être élaborées avec prudence, en préservant la liberté d'expression et en évitant toute forme de censure. Par ailleurs, une collaboration internationale est indispensable pour faire face aux défis transnationaux posés par la diffusion rapide de fausses informations et la manipulation médiatique. La coopération entre les États, les institutions internationales et les acteurs médiatiques peut permettre de développer des standards communs et des mécanismes de réponse efficaces. Enfin, l'éducation des citoyens joue un rôle primordial dans la construction d'une société résiliente face aux influences médiatiques malveillantes. Promouvoir la pensée critique, encourager la recherche d'informations multiples et développer une compréhension approfondie des mécanismes de production médiatique constituent des moyens essentiels de renforcer l'immunité de la population contre la désinformation. En envisageant ces perspectives futures, il est primordial de reconnaître que l'équilibre entre liberté de la presse et protection du public est délicat. Cependant, en adoptant une approche diligente et collaborative, il est possible de bâtir un avenir médiatique respectueux des valeurs démocratiques.

ÉCONOMIE EN CRISE : LE POIDS SUR LA POLITIQUE

Contexte économique actuel

Le contexte économique actuel en France est une toile de fond complexe marquée par des changements significatifs dans les dernières décennies. Des tendances mondiales telles que la mondialisation, la numérisation et les mutations technologiques ont façonné l'économie française, tout en générant des défis sans précédent. Cette réalité économique impacte directement la vie quotidienne des citoyens, influençant leur pouvoir d'achat, l'accès à l'emploi, ainsi que les opportunités de développement personnel et professionnel. La précarité économique s'est installée dans certaines régions, alimentant des inégalités croissantes et engendrant des tensions sociales. Par conséquent, il est impératif d'examiner de près ce contexte pour en comprendre les rouages et les implications profondes qu'il a sur la société française.

Historique de la crise économique et ses origines

Au cours des dernières décennies, l'économie française a été le théâtre de diverses crises, dont les origines remontent à des facteurs complexes et interconnectés. La crise financière mondiale de 2008 a constitué un tournant majeur, engendrant des répercussions durables sur l'économie nationale. Cette crise, largement liée aux dérives du système financier international, a mis en lumière les vulnérabilités structurelles de l'économie française. Des bulles spéculatives dans le secteur immobilier aux pratiques risquées des institutions financières, les fondements de la stabilité économique ont été ébranlés. Parallèlement, des défis internes tels que le chômage persistant, la stagnation de la croissance et la dette publique croissante ont exacerbé la fragilité du paysage économique. L'échec des réformes structurelles antérieures à réguler et à moderniser l'économie a également contribué à creuser les inégalités économiques. En outre, des pressions externes telles que les fluctuations des marchés mondiaux et les chocs pétroliers ont exacerbé les tensions internes. En somme, la crise économique actuelle ne peut être appréhendée sans prendre en compte ces multiples dimensions historiques et systémiques. Comprendre les origines de cette crise s'avère essentiel pour élaborer des stratégies efficaces visant à renforcer la résilience de l'économie française et à garantir sa prospérité future.

Impact de la crise sur les politiques publiques

Depuis le déclenchement de la crise économique, les politiques publiques ont dû faire face à des défis sans précédent. La perturbation des marchés financiers mondiaux, l'effondrement de certaines industries et la montée du chômage ont contraint les gouvernements à revoir leurs stratégies et à adapter rapidement leurs politiques pour atténuer les effets de cette crise dévastatrice. Tout d'abord, la priorité a été de stabiliser l'économie en mettant en place des mesures d'urgence pour soutenir les secteurs les plus touchés, tels que l'industrie automobile, le tourisme et l'aéronautique. Les plans de relance économique ont été élaborés et mis en œuvre pour stimuler la croissance et éviter une récession prolongée. Parallèlement, les politiques fiscales ont été ajustées afin de réduire la pression sur les ménages et les entreprises, encourageant ainsi la consommation et l'investissement. En outre, les politiques de protection sociale ont été renforcées pour offrir un filet de sécurité aux travailleurs licenciés et aux familles vulnérables, tout en assurant un accès adéquat aux soins de santé et aux services sociaux. Cependant, ces mesures d'urgence ont également eu un impact sur les finances publiques, entraînant une augmentation de la dette et des déficits budgétaires, ce qui a suscité des préoccupations quant à la viabilité à long terme de ces politiques. De plus, la crise a accentué les inégalités sociales et territoriales, mettant en lumière la nécessité d'une approche plus inclusive et équitable dans la conception des politiques. En réponse à ces défis, de nouvelles initiatives ont été lancées pour promouvoir la transition vers une économie plus résiliente et durable, favorisant l'innovation, la formation professionnelle et la reconversion des industries traditionnelles vers des secteurs à plus forte valeur ajoutée. Ces transformations profondes des politiques publiques visent à relever les défis actuels tout en préparant les sociétés à faire face aux enjeux futurs, tels que la numérisation, la transition écologique et les mutations du marché du travail.

Réactions gouvernementales face à l'instabilité économique

La crise économique a profondément ébranlé les fondements de la société et a mis en lumière la nécessité d'une action décisive de la part des gouvernements. Face à l'instabilité économique, les réactions des autorités politiques ont été scrutées avec une attention particulière, tant par les citoyens que par les experts. Le premier réflexe des gouvernements a été de mettre en place des mesures d'urgence pour atténuer les effets dommageables de la crise. Cela s'est traduit par des plans de relance économique, des aides financières aux secteurs les plus touchés, ainsi que des dispositifs de soutien à l'emploi et à la formation professionnelle. Ces actions ont souvent été accompagnées de réformes structurelles visant à stimuler la croissance économique et à renforcer la résilience du tissu économique. Cependant, la capacité des gouvernements à répondre efficacement à cette crise a également été mise en lumière par leur capacité à mener des réformes courageuses et ambitieuses pour transformer en profondeur les modèles économiques obsolètes. Les politiques monétaires et fiscales ont également été réexaminées afin de garantir la stabilité financière et de créer des conditions favorables à la reprise économique. En outre, les relations internationales ont été au cœur des préoccupations des gouvernements, car la coordination des initiatives économiques au niveau mondial est devenue cruciale pour atténuer les effets de la crise. L'engagement des gouvernements en faveur d'une coopération renforcée entre les nations a été un élément déterminant dans la recherche de solutions durables à l'instabilité économique. Ces initiatives ont été essentielles pour restaurer la confiance des acteurs économiques et des citoyens, tout en jetant les bases d'une reprise pérenne. Toutefois, malgré ces mesures, certaines voix ont appelé à une remise en question plus profonde des paradigmes économiques traditionnels, mettant en garde contre le risque de reproduire les mêmes erreurs et de perpétuer les inégalités. Ainsi, les réactions gouvernementales face à l'instabilité économique ont été multiples et complexes, marquées par des défis sans précédents et des dilemmes difficiles. Dans ce contexte, il apparaît clairement que la capacité des autorités politiques à anticiper, à innover et à agir avec détermination sera déterminante pour forger l'avenir économique de nos sociétés.

Perspectives des économistes sur les réformes nécessaires

Face à la crise économique actuelle, de nombreux économistes expriment leur point de vue sur les réformes nécessaires pour naviguer à travers les eaux tumultueuses de l'instabilité financière. Les perspectives des économistes sont diverses, mais convergeant vers une idée centrale : l'urgence de politiques courageuses et innovantes pour répondre aux défis économiques contemporains. Certains économistes soulignent la nécessité d'une refonte des structures fiscales afin de stimuler l'investissement et la croissance, tandis que d'autres mettent l'accent sur des mesures visant à réduire les inégalités sociales et économiques qui se sont exacerbées pendant la crise. Il est également essentiel de revoir les réglementations financières pour assurer une stabilité à long terme, tout en favorisant l'innovation et la compétitivité.

D'autre part, certains économistes insistent sur l'importance de promouvoir l'entrepreneuriat et d'encourager l'innovation technologique comme leviers indispensables pour relancer l'économie. Pourtant, d'autres mettent en avant la protection de l'environnement et la transition énergétique comme éléments clés des réformes nécessaires, soulignant que la durabilité économique ne peut être dissociée de la durabilité environnementale. Ces différentes perspectives nourrissent le débat public et politique, offrant des pistes de réflexion pour les décideurs.

La question des réformes nécessaires ne se limite pas seulement aux aspects économiques, mais s'étend également aux domaines de l'éducation, de la santé, de la recherche et du développement. De nombreux économistes soulignent la nécessité d'investir dans ces secteurs pour assurer une base solide à long terme pour l'économie. En effet, une main-d'œuvre bien formée et en bonne santé, ainsi que des avancées significatives dans la recherche et l'innovation, sont des moteurs essentiels pour stimuler la productivité et la compétitivité.

Enfin, les économistes soulèvent la question cruciale du rôle de l'État dans l'économie en temps de crise. Alors que certains préconisent un État interventionniste pour réguler le marché et stabiliser l'économie, d'autres mettent en garde contre les risques de sur-régulation et plaident en faveur d'une intervention plus ciblée. Cette diversité de points de vue souligne la complexité des enjeux économiques et la nécessité d'une approche équilibrée basée sur une compréhension approfondie des défis actuels.

En somme, les perspectives des économistes sur les réformes nécessaires offrent un éclairage précieux pour orienter les choix politiques et économiques dans un contexte de crise. Il est essentiel d'intégrer ces réflexions variées dans la formulation de solutions robustes et durables pour relever les défis économiques, sociaux et environnementaux et ouvrir la voie à un avenir prospère et équilibré.

Conséquences sociales de la récession

Les récessions économiques, en plus d'avoir un impact considérable sur les politiques publiques et le paysage financier, ont également des conséquences significatives sur la société dans son ensemble. Lorsqu'une économie entre en récession, les effets se font ressentir à tous les niveaux de la société, affectant aussi bien les individus que les communautés. Au niveau individuel, la perte d'emplois liée à la récession peut engendrer un stress financier important, entraînant parfois des difficultés à subvenir aux besoins essentiels tels que le logement, la nutrition et l'accès aux soins de santé. Cette incertitude financière peut également avoir des répercussions sur la santé mentale des individus, créant un climat d'anxiété et de préoccupation face à l'avenir. Au sein des communautés, la récession peut aggraver les inégalités socio-économiques préexistantes, conduisant à une augmentation des tensions sociales. Les groupes vulnérables, tels que les personnes issues de milieux défavorisés, les minorités ethniques ou les jeunes générations, peuvent être particulièrement touchés par les effets néfastes de la récession. Les services sociaux, déjà sous pression, font face à une demande accrue, tandis que les programmes de soutien sont souvent soumis à des restrictions budgétaires. Cela crée un cercle vicieux où les plus défavorisés sont confrontés à des obstacles accrus pour sortir de la pauvreté ou pour améliorer leur situation. Par ailleurs, la récession a un impact sur la cohésion sociale, remettant en question la solidarité et le soutien mutuel au sein de la société. Les tensions peuvent surgir entre différentes catégories de la population, accentuant les clivages et fragilisant le tissu social. En outre, la confiance dans les institutions politiques et économiques peut s'éroder, alimentant un sentiment de méfiance et de désillusion chez les citoyens. Il est indispensable de comprendre ces conséquences sociales afin de formuler des réponses appropriées et inclusives pour atténuer l'impact de la récession sur la société dans son ensemble.

Le rôle de l'Union Européenne dans la stabilisation économique

L'Union Européenne joue un rôle crucial dans la stabilisation économique des États membres, en particulier lors de périodes de crise. La coopération et la solidarité au sein de l'UE sont essentielles pour atténuer les effets de la récession économique et promouvoir une croissance durable. De nombreux mécanismes ont été mis en place pour soutenir les économies fragilisées et favoriser la stabilité financière. L'Union Européenne agit à plusieurs niveaux pour assurer la stabilité économique. Tout d'abord, elle offre un soutien financier aux pays confrontés à des difficultés économiques, par le biais de fonds structurels et de programmes d'aide. Ces ressources financières visent à stimuler l'investissement, à créer des emplois et à renforcer la compétitivité des économies nationales. Ensuite, l'UE établit des politiques communes visant à harmoniser les normes économiques, à promouvoir le commerce intra-européen et à favoriser l'intégration économique. Cette approche favorise la cohésion économique et la résilience face aux chocs économiques. De plus, l'Union Européenne supervise la surveillance économique et financière des États membres afin de garantir la stabilité macroéconomique et de prévenir les déséquilibres excessifs. Les mécanismes tels que le Pacte de Stabilité et de Croissance contribuent à maintenir la discipline budgétaire et à prévenir les crises financières. Par ailleurs, l'UE encourage les réformes structurelles et la modernisation des économies nationales pour renforcer leur potentiel de croissance et favoriser la convergence économique. Enfin, l'Union Européenne favorise la coordination des politiques économiques des États membres afin de garantir l'efficacité des mesures prises au niveau national et de maximiser les effets positifs sur l'ensemble de l'Union. Cette approche intégrée vise à renforcer la résilience de l'Europe face aux chocs économiques et à favoriser une reprise rapide et équilibrée. En définitive, le rôle de l'Union Européenne dans la stabilisation économique est essentiel pour garantir la prospérité et la cohésion au sein de l'Europe, et pour préserver la stabilité économique des États membres face aux défis économiques mondiaux.

Mouvements populaires et pression politique

Les mouvements populaires sont le reflet des tensions sociales et politiques au sein d'une nation. Lorsque l'économie traverse une crise, les citoyens ressentent souvent les effets les plus prégnants de cette instabilité. Les mouvements de protestation, les grèves et les manifestations deviennent des véhicules par lesquels la population exprime son mécontentement et exerce une pression sur les acteurs politiques. Ces manifestations de masse peuvent être déclenchées par plusieurs facteurs, tels que la détérioration des conditions de vie, le chômage croissant, les inégalités économiques et sociales, ainsi que la perte de confiance dans les dirigeants politiques. Ces mouvements ont le potentiel de façonner l'agenda politique en mobilisant l'opinion publique et en influençant les décisions des gouvernements. En France, ces mouvements populaires ont récemment pris diverses formes, telles que les manifestations des Gilets Jaunes et les protestations contre les réformes du gouvernement. Ces épisodes ont illustré la manière dont la pression politique peut émerger de la base de la société et avoir un impact significatif sur les orientations politiques. La montée en puissance de ces mouvements a forcé les dirigeants à reconnaître les défis sociaux et économiques auxquels ils font face, obligeant ainsi les gouvernements à répondre par le biais de mesures politiques et économiques. Néanmoins, ces mouvements peuvent également engendrer des divisions au sein de la société, polariser l'opinion publique et alimenter des confrontations politiques. Il est donc crucial pour les acteurs politiques de comprendre les revendications des mouvements populaires et de travailler à instaurer un dialogue constructif. Par ailleurs, il est fondamental pour les gouvernements de trouver un équilibre entre la satisfaction des besoins de la population et la préservation de la stabilité économique. La capacité à canaliser les demandes populaires tout en maintenant un consensus social demeure un défi majeur pour les responsables politiques.

Stratégies pour une reprise durable

La reprise durable de l'économie française nécessite la mise en place de stratégies cohérentes et innovantes qui prennent en compte les défis actuels tout en visant à garantir la stabilité à long terme. Parmi ces stratégies, la diversification de l'économie joue un rôle crucial. En investissant dans des secteurs tels que les énergies renouvelables, la technologie verte, et l'innovation sociale, la France peut prospérer tout en contribuant à la lutte contre le changement climatique et la création d'emplois durables. De plus, la promotion de l'entrepreneuriat et du développement des PME constitue un levier essentiel pour dynamiser l'économie et favoriser l'innovation. Encourager l'accès au financement et soutenir l'émergence de start-ups innovantes pourrait offrir de nouvelles perspectives économiques. Parallèlement, repenser le système éducatif et la formation professionnelle afin de répondre aux besoins du marché du travail post-crise est impératif. Investir dans la montée en compétences et la reconversion professionnelle peut permettre à la population active de s'adapter aux nouveaux besoins des entreprises et ainsi favoriser une croissance durable. De surcroît, la numérisation de l'économie et la transition vers une économie digitale offrent des opportunités significatives. Le renforcement de l'infrastructure numérique, la promotion de la cybersécurité et la valorisation de l'innovation technologique peuvent stimuler la productivité et garantir la compétitivité internationale de la France. Sans oublier l'importance de promouvoir une politique budgétaire intelligente qui favorise l'investissement tout en préservant la stabilité financière. En somme, ces stratégies pour une reprise durable requièrent un leadership politique visionnaire et une coopération efficace entre les acteurs économiques, les instances gouvernementales, et la société civile. Elles représentent un pari sur l'avenir de la France, visant à transformer les défis actuels en opportunités de croissance et de prospérité pour les générations futures.

Conclusion: Anticiper les impacts futurs sur le paysage politique

Au terme de cette exploration des multiples facettes de la crise économique et de ses répercussions sur la sphère politique, il apparaît crucial d'anticiper soigneusement les impacts futurs qui façonneront le paysage politique français. La interrelation étroite entre l'économie et la politique nécessite une attention particulière aux enjeux à venir.

Il est indéniable que les décisions politiques prises actuellement auront un impact majeur sur la prochaine décennie. Les choix effectués en matière de réformes économiques et sociales traceront la voie pour la reconstruction du tissu économique et la restauration de la confiance des citoyens envers leurs dirigeants. Si ces mesures ne parviennent pas à répondre adéquatement aux préoccupations et aux besoins de la population, la scène politique pourrait être le théâtre d'une instabilité grandissante, fragilisant davantage la cohésion nationale.

Dans un tel contexte, il est impératif que les acteurs politiques se montrent à la hauteur des défis en présence. L'écoute attentive des mouvements populaires ainsi que la recherche de solutions inclusives et durables s'avèrent essentielles pour entrevoir un avenir politique serein. Une approche fondée sur le dialogue et la coopération entre les différents acteurs de la société permettra de dessiner un paysage politique plus résilient et représentatif des intérêts collectifs.

De plus, il convient de souligner l'importance de la collaboration au niveau européen. La crise économique transcende les frontières nationales, et c'est ensemble que les pays membres de l'Union Européenne pourront élaborer des stratégies efficaces pour surmonter les défis économiques communs. La solidarité et la coordination entre les États joueront un rôle déterminant dans la transformation du paysage politique à l'échelle continentale.

En somme, l'anticipation des impacts futurs sur le paysage politique requiert une vision prospective et une volonté collective de forger un avenir construit sur des bases solides et équitables. Les décennies à venir seront incontestablement marquées par la manière dont nous répondrons aux défis économiques et politiques actuels. En adoptant une approche pragmatique et visionnaire, il est possible d'envisager un avenir où la résilience, la cohésion et le progrès socio-économique convergent pour modeler un paysage politique prometteur.

LEADERSHIP ET DÉFIS FUTURS POUR LE RN

Orientation actuelle du RN

Il est essentiel d'examiner l'orientation politique et idéologique du Rassemblement National (RN) à la lumière des récents évènements politiques en France. En effet, le paysage politique français a connu des bouleversements majeurs, avec l'émergence de mouvements populistes et une série de crises sociopolitiques qui ont profondément influencé les stratégies et discours des partis politiques, y compris le RN. Face à ces évolutions rapides, il est crucial de comprendre comment le parti a adapté son positionnement, son discours et ses objectifs pour répondre à ces défis. L'analyse approfondie de l'orientation actuelle du RN nécessite également une évaluation critique de son historique, de son leadership, ainsi que de son impact sur l'opinion publique et le paysage politique. De plus, il est impératif d'explorer les interactions complexes entre l'orientation idéologique du RN, les attentes des électeurs et les dynamiques sociales qui façonnent la scène politique française. En considérant la montée des préoccupations liées à l'immigration, à l'insécurité et à l'économie, il est crucial de déterminer comment le parti a articulé sa position sur ces questions sensibles et comment cela a influencé sa popularité et sa crédibilité. En résumé, l'orientation actuelle du RN est non seulement un reflet de ses racines idéologiques et de ses fondements politiques, mais aussi un indicateur clé de sa capacité à s'adapter aux réalités changeantes de la société française. Cette section explorera en profondeur ces questions cruciales afin de dresser un tableau complet de l'orientation actuelle du RN et de son incidence sur la scène politique nationale.

Figures de proue du FN

Le Rassemblement National (RN) a toujours été fortement associé à la figure emblématique de Marine Le Pen. Son leadership a incontestablement laissé une empreinte profonde sur le parti et sur la politique française dans son ensemble. Toutefois, pour analyser avec justesse le leadership actuel, il est essentiel de prendre en compte non seulement le visage public incarné par Marine Le Pen, mais aussi les autres acteurs influents au sein du RN. En effet, la dynamique interne du RN repose sur un collectif de dirigeants et une hiérarchie implicite qui façonne la vision stratégique et la gestion quotidienne du parti. En examinant attentivement cette dynamique, nous pouvons discerner les forces et les faiblesses du leadership actuel. Marine Le Pen incarne la voix charismatique et polarisante du RN, attirant un soutien fervent tout en suscitant des critiques acerbes. Son approche rhétorique percutante a galvanisé les partisans du RN, mais a également été source de controverse, en particulier au sein des factions politiques adverses. Cette dualité révèle l'impact considérable de sa personnalité sur l'image publique du parti, ainsi que sur sa capacité à fédérer ses partisans. Néanmoins, l'analyse du leadership actuel ne saurait se limiter à Marine Le Pen.

Il convient d'examiner également les autres figures centrales du RN, telles que les cadres dirigeants et les porte-paroles, dont les contributions influent sur les orientations et les stratégies du parti. La transparence et la cohésion au sein de cette équipe de direction jouent un rôle crucial dans la perception et la crédibilité du RN en tant qu'entité politique. Dès lors, une évaluation complète du leadership actuel doit prendre en compte le panorama complexe des individus qui contribuent à façonner la destinée du parti. En outre, cet examen ne saurait se cantonner à l'aspect purement organisationnel du leadership, mais devrait englober également la capacité du RN à anticiper les défis futurs et à consolider son assise au sein du paysage politique français. En somme, l'analyse du leadership actuel du RN nécessite une approche holistique et nuancée, mettant en lumière la personnalité charismatique de Marine Le Pen tout en dévoilant les acteurs clés qui contribuent à la direction et à la vision du parti.

Jordan Bardella, né le 13 septembre 1995 à Drancy (Seine-Saint-Denis), est une figure montante de la politique française et le président du Rassemblement National (RN) depuis novembre 2022. Son ascension rapide au sein du parti et son impact sur la scène politique française sont notables pour plusieurs raisons.

Jordan Bardella est issu d'une famille modeste, avec des origines italiennes et algériennes. Il a grandi dans une cité HLM de Drancy, un environnement qui a fortement influencé ses convictions politiques. Les émeutes de 2005 dans son quartier ont marqué son éveil politique, le poussant à adhérer au Front National (FN) à l'âge de 16 ans avec l'approbation de sa mère.

Bardella a rapidement gravi les échelons du FN, devenant secrétaire départemental en Seine-Saint-Denis en 2014, puis conseiller régional d'Île-de-France en 2015. Il a été porte-parole du parti et président de son aile jeunesse avant de devenir vice-président en 2019. En 2021, il a servi comme président par intérim du RN avant d'être élu président en 2022 avec 84,8% des voix.

Bardella a su moderniser l'image du RN tout en restant fidèle à ses thèmes traditionnels. Il a centré ses campagnes sur des sujets comme l'immigration, le pouvoir d'achat, et la souveraineté nationale, des thèmes qui résonnent fortement avec une large partie de l'électorat français. Il a également critiqué l'« écologie punitive » du gouvernement Macron et s'est opposé à de nouveaux traités de libre-échange.

Sous la direction de Bardella, le RN a remporté une victoire historique aux élections européennes de 2024, obtenant environ 31,5% des voix. Cette victoire a été marquée par une pénétration dans toutes les couches socioprofessionnelles, y compris chez les cadres et les diplômés de l'enseignement supérieur, ce qui témoigne de l'élargissement de la base électorale du parti.

Malgré ses succès électoraux, Bardella a été critiqué pour son bilan au Parlement européen, où il a été accusé de faible participation et d'inefficacité. Ses alliances avec d'autres partis d'extrême droite en Europe, comme celui de Giorgia Meloni en Italie, ont également suscité des débats.

Jordan Bardella représente une nouvelle génération de leadership au sein du RN, combinant une stratégie de modernisation avec des thèmes traditionnels du parti. Sa capacité à mobiliser un large électorat et à s'imposer comme une figure centrale de la politique française en fait un acteur incontournable pour les années à venir.

En résumé, Jordan Bardella est une figure de proue du RN qui a su capitaliser sur les préoccupations des électeurs et moderniser l'image du parti, tout en restant fidèle à ses racines idéologiques.

Les futures projets de Bardella

En tant que président du Rassemblement National (RN), Jordan Bardella a plusieurs projets et orientations pour l'avenir du parti, bien que certains d'entre eux semblent avoir évolué ou fait l'objet d'ajustements récents :

1. Réforme des retraites : Bardella a récemment nuancé la position du RN concernant l'abrogation immédiate de la réforme des retraites. Il a déclaré que si le RN arrivait au pouvoir, il organiserait d'abord un référendum sur la question plutôt que de l'abroger directement. Cette évolution montre une approche plus mesurée et participative sur ce sujet sensible.

2. Politique du logement : Le RN, sous la direction de Bardella, a dévoilé de premières mesures pour le logement. Ces propositions incluent notamment la création d'un "grand ministère du Logement et de l'Aménagement du territoire", ainsi que des mesures pour favoriser l'accession à la propriété des Français.

3. Politique fiscale : Bardella a revu certaines positions du RN en matière de TVA. Alors que le programme présidentiel prévoyait une baisse de la TVA sur l'énergie à 5,5%, le parti semble maintenant plus prudent sur cette promesse, citant les contraintes budgétaires.

4. Politique internationale : Le RN sous Bardella semble avoir nuancé certaines de ses positions sur la scène internationale, notamment concernant la sortie de l'OTAN et les relations avec la Russie.

5. Écologie : Bardella maintient une position critique envers ce qu'il appelle l'"écologie punitive" du gouvernement Macron, tout en proposant sa propre vision de l'écologie.

6. Consolidation de la base électorale : Après le succès aux élections européennes, Bardella cherche à consolider et élargir la base électorale du RN, en continuant à attirer des électeurs de toutes les catégories socio-professionnelles.

7. Poursuite de la "dédiabolisation" : Bardella poursuit la stratégie de normalisation de l'image du parti, tout en restant fidèle aux thèmes traditionnels du RN comme l'immigration et la souveraineté nationale.

Il est important de noter que ces projets et orientations peuvent évoluer en fonction du contexte politique et des résultats des prochaines échéances électorales. La flexibilité dont fait preuve Bardella sur certains sujets suggère une approche pragmatique visant à élargir l'attrait du parti tout en maintenant ses positions fondamentales.

Défis internes: Cohésion et dissensions

La question de la cohésion interne demeure un enjeu crucial pour le Rassemblement National, confronté à une diversité d'opinions et de lignes idéologiques au sein de ses membres et dirigeants. La tension entre les différentes sensibilités politiques peut parfois générer des dissensions susceptibles de compromettre l'unité du parti. Les défis internes ne se limitent pas seulement aux divergences idéologiques, mais englobent également des éléments tels que la gouvernance interne, les ambitions personnelles et les rivalités politiques.

Au cœur de ces défis se trouve la nécessité de créer un espace de débat constructif et respectueux, favorisant la libre expression des idées tout en préservant l'unité et l'image publique du parti. Les dissensions internes peuvent, si elles ne sont pas gérées adéquatement, alimenter une perception négative auprès des électeurs et entraver le succès politique du Rassemblement National.

Ainsi, le renforcement de la cohésion interne passe nécessairement par une approche inclusive qui reconnaît et intègre les diverses perspectives au sein du parti. Établir un dialogue ouvert et transparent, où chacun se sent écouté et impliqué dans les processus décisionnels, devient impératif pour surmonter les divergences et éviter les divisions internes préjudiciables.

Par ailleurs, la consolidation de la solidarité politique au sein du Rassemblement National requiert également une gestion habile des rivalités et des ambitions individuelles. Il importe que chaque membre se sente motivé à contribuer à l'avancée collective du parti, plutôt que de se laisser guider uniquement par des intérêts personnels. Ce défi crucial exige un leadership fort, capable d'instaurer un climat de confiance et de collaboration au sein de l'organisation politique.

En résumé, les défis internes du Rassemblement National, marqués par les tensions et les dissensions, représentent un enjeu majeur dans la consolidation de son positionnement politique et électoral. Surmonter ces obstacles implique non seulement une gestion rigoureuse des divergences idéologiques, mais aussi une culture de cohésion, de concertation et d'engagement collectif au service d'une vision commune.

Renouvellement idéologique: Adaptation aux tendances modernes

Dans un paysage politique en perpétuelle évolution, il est impératif pour tout parti de se réinventer et de s'adapter aux tendances modernes. Le récent essor des mouvements sociaux et politiques progressistes a mis en lumière la nécessité pour le Rassemblement National de repenser son approche idéologique. Il convient ainsi d'explorer les moyens par lesquels le parti peut s'adapter à une société en constante mutation.

Le renouvellement idéologique implique un examen minutieux des valeurs et des principes fondamentaux du parti. Il s'agit d'appréhender les attentes d'une population de plus en plus diversifiée et attentive aux questions sociétales telles que l'environnement, l'égalité des genres et la justice sociale. Le RN doit donc être en mesure de présenter des solutions novatrices et inclusives qui répondent aux besoins d'une France en pleine transformation.

Parallèlement à cette adaptation, le parti devra prendre en considération les préoccupations économiques contemporaines. L'intégration des enjeux économiques mondiaux, l'innovation technologique et les défis liés à la mondialisation sont autant de facettes à considérer dans le processus de renouvellement idéologique. Cela implique de définir une vision politique claire et pragmatique, capable de concilier traditions et modernité, afin de susciter l'adhésion d'une base électorale diverse.

L'adaptation aux tendances modernes englobe également la communication et la représentation médiatique du parti. Avec l'avènement des réseaux sociaux et des plateformes numériques, le RN doit ajuster sa stratégie de communication pour toucher un public plus vaste et diversifié. Cela nécessite une présence en ligne dynamique, axée sur la transparence, l'interaction et la compréhension des préoccupations citoyennes. De plus, la capacité à mobiliser la jeunesse et à incarner un discours progressiste et ouvert sur le monde constituera un atout majeur dans le renouvellement idéologique du parti.

En somme, le renouvellement idéologique du Rassemblement National représente un défi crucial mais indispensable pour assurer sa pertinence et sa durabilité dans un contexte en perpétuelle mutation. En adoptant une approche proactive et visionnaire, le parti pourra projeter une image résolument moderne tout en restant fidèle à ses valeurs fondamentales.

Stratégies électorales: Optimisation pour le succès futur

Les stratégies électorales constituent l'épine dorsale de toute organisation politique, et pour le Rassemblement National (RN), elles revêtent une importance capitale dans la poursuite de ses objectifs. L'optimisation des stratégies électorales requiert une analyse rigoureuse du paysage social, économique et politique, ainsi qu'une compréhension profonde des attentes des électeurs. Le RN doit cibler les préoccupations clés de la population tout en demeurant fidèle à son socle idéologique. Cette tâche délicate implique une adaptation constante aux dynamiques politiques, sociales et culturelles qui influencent le comportement des électeurs. La maximisation de la visibilité du parti et la consolidation de son image publique sont également des éléments cruciaux. Les campagnes électorales doivent être conçues de manière à projeter une vision solide et crédible, ancrée dans la réalité quotidienne des citoyens. Elles doivent offrir des solutions concrètes aux problèmes actuels, et promouvoir une vision d'avenir rassembleuse et rassurante. L'innovation dans les techniques de communication et de mobilisation électorale est un autre pilier fondamental. Les avancées technologiques offrent de nouvelles opportunités pour toucher les électeurs et diffuser efficacement le message du parti. La stratégie numérique, les réseaux sociaux, et les dispositifs interactifs présentent des leviers puissants pour engager les citoyens et susciter leur intérêt pour les enjeux défendus par le RN. De plus, la mise en place de structures organisationnelles efficaces est essentielle. Ces structures doivent être agiles, réactives et capables de mobiliser rapidement des ressources humaines et matérielles pour mener des campagnes électorales dynamiques. Enfin, la coordination entre les différentes branches du parti est indispensable. Une cohésion interne accrue renforce la capacité du RN à élaborer et exécuter des stratégies électorales unifiées et efficaces. En somme, l'optimisation des stratégies électorales du RN repose sur une combinaison judicieuse de facteurs, où la compréhension fine des attentes des électeurs, l'innovation communicationnelle, la force organisationnelle et la cohésion interne jouent un rôle essentiel. C'est à travers cette approche holistique que le RN peut envisager de façon optimiste un succès futur sur l'échiquier politique français.

Impact des politiques économiques sur la stratégie du parti

Les politiques économiques représentent un pilier essentiel dans la formulation de la stratégie d'un parti politique. Pour le Rassemblement National, ces politiques sont non seulement un moyen de démarcation idéologique, mais aussi un levier crucial pour attirer et convaincre les électeurs. L'approche économique de tout parti politique joue un rôle majeur dans la perception des citoyens à son égard. Ainsi, le RN se trouve confronté à un défi de taille pour adosser ses idéaux politiques à des propositions économiques compétitives et crédibles. La capacité du parti à répondre aux préoccupations économiques concrètes des Français est directement liée à sa crédibilité et à sa pertinence sur la scène politique nationale.

En examinant de plus près l'impact des politiques économiques sur la stratégie du RN, il est primordial de prendre en considération les questions relatives à l'emploi, à la croissance économique, à la fiscalité, à la protection sociale, ainsi qu'aux inégalités. Ces sujets représentent des préoccupations centrales pour une grande partie de l'électorat français, et leur prise en compte dans la stratégie du parti est indispensable pour obtenir et maintenir le soutien populaire.

Les politiques économiques proposées par le RN devront s'atteler à la question de l'emploi, en particulier dans le contexte de transformations structurelles de l'économie française. La capacité du parti à présenter des solutions concrètes pour répondre aux défis posés par l'automatisation, la mondialisation et la transition écologique sera cruciale. De même, la mise en avant d'une vision claire pour favoriser la création d'emplois et l'accompagnement des travailleurs face aux évolutions du marché du travail constituera un axe central de la stratégie économique du parti.

La dimension de la croissance économique représente également un élément fondamental dans la formulation de la stratégie du RN. Il s'agira de développer des politiques visant à dynamiser l'économie nationale tout en garantissant une répartition équitable des fruits de la croissance. Cette approche devra également s'inscrire dans une perspective de durabilité environnementale, afin de répondre aux préoccupations croissantes liées au changement climatique et à la préservation des ressources naturelles.

En outre, la position du RN sur la fiscalité et la protection sociale constituera un aspect déterminant de sa stratégie économique. Le parti devra formuler des propositions visant à concilier la nécessité de préserver le financement des services publics et de garantir une fiscalité juste et efficiente, tout en encourageant l'investissement et l'initiative économique.

Finalement, la lutte contre les inégalités et la précarité occupera une place significative dans la stratégie économique du RN. En proposant des mesures concrètes pour réduire les écarts sociaux et territoriaux, le parti pourra démontrer sa proximité avec les préoccupations quotidiennes des Français et renforcer sa légitimité comme acteur politique majeur.

En somme, l'impact des politiques économiques sur la stratégie du Rassemblement National est indéniable. La capacité du parti à présenter des solutions cohérentes et pertinentes aux défis économiques contemporains est directement liée à sa crédibilité, sa pertinence et son attrait auprès de l'électorat. La formulation d'une stratégie économique solide et concrète représente ainsi un enjeu crucial dans la consolidation et le développement de la position du RN sur l'échiquier politique français.

La jeunesse et le RN: Cultiver l'engagement des nouvelles générations

Le Rassemblement National se trouve à un carrefour crucial dans son histoire politique, où la mobilisation et l'engagement des jeunes électeurs jouent un rôle déterminant. La question de la jeunesse et de son adhésion aux idéaux du parti constitue un enjeu majeur pour assurer sa pérennité et son influence future. Le phénomène de l'engagement social et politique chez les jeunes a évolué au fil des décennies, il est donc impératif de comprendre les motivations, les aspirations et les préoccupations spécifiques de cette tranche de la population. Dans un contexte où la confiance envers les institutions traditionnelles est en mutation, le RN doit mettre en place des stratégies novatrices pour capter l'attention et fidéliser les jeunes générations. Cela implique de repenser non seulement les discours et les propositions politiques, mais aussi les méthodes de communication et de mobilisation. Avec l'émergence des médias sociaux et des plateformes numériques, le RN a l'opportunité de tisser des liens plus étroits avec les jeunes, tout en présentant ses idées de manière accessible et attrayante. Il est crucial d'instaurer un dialogue constructif avec la jeunesse et de favoriser leur participation active au sein du parti, afin de concrétiser une vision inclusive et porteuse d'avenir. Par ailleurs, le partage d'expériences inspirantes et la mise en avant de modèles de réussite au sein du RN peuvent contribuer à susciter l'enthousiasme des jeunes, en leur offrant des perspectives d'implication significative au sein de la formation politique. En outre, l'éducation civique et politique demeure un pilier fondamental pour susciter l'intérêt des jeunes envers la politique et les inciter à s'investir dans la vie démocratique. Le RN doit ainsi investir dans des programmes éducatifs novateurs, axés sur la sensibilisation aux enjeux sociétaux et la compréhension des mécanismes démocratiques, afin de former une nouvelle génération engagée et consciente de son impact sur la société. À cet égard, la formation de jeunes leaders au sein du RN revêt une importance capitale, permettant de renforcer la représentativité et la diversité au sein du parti, tout en insufflant un vent de renouveau dans son fonctionnement interne. Cultiver l'engagement des jeunes générations représente un défi de taille, mais également une opportunité inestimable pour le RN, qui saura ainsi s'assurer un avenir prometteur et pérenne au sein du paysage politique français.

Influence médiatique et communication

L'influence médiatique et la communication sont des éléments cruciaux pour tout parti politique, notamment en période de tensions et de défis croissants. Le Rassemblement National (RN) se trouve au cœur d'une bataille perpétuelle pour façonner son image publique, faire entendre sa voix et attirer les électeurs. Dans cet environnement médiatique complexe, le parti doit jongler avec les différentes plateformes de communication, des discours traditionnels aux médias sociaux en passant par les interviews télévisées. L'impact des réseaux sociaux ne peut être sous-estimé. Le RN doit non seulement maîtriser son message sur ces plateformes, mais aussi gérer les retombées des campagnes de désinformation et de diffamation qui y prolifèrent. La communication efficace exige une stratégie bien ficelée, appuyée par un contrôle rigoureux de l'image du parti. En parallèle, les relations avec les médias traditionnels demeurent importantes. Le parti doit maintenir une présence médiatique constante tout en naviguant dans un paysage souvent hostile. Les relations avec les journalistes et les organes de presse sont donc un aspect central de la communication du RN. La manière dont le parti est représenté dans les médias influencera directement son image auprès du public. En outre, les campagnes électorales demandent une communication spécifique, où les promesses politiques et les positions idéologiques doivent être délivrées de manière convaincante. C'est là que la maîtrise des discours et des débats publics devient cruciale pour le RN. Les prises de parole des dirigeants du parti, leurs arguments et leur capacité à répondre aux critiques façonnent la perception des électeurs. Les interventions médiatiques doivent être préparées avec soin et précision pour optimiser l'impact politique. En somme, l'influence médiatique et la communication sont des piliers fondamentaux pour renforcer la position du RN dans un climat politique changeant et compétitif.

Alliances et oppositions politiques: Naviguer dans le spectre politique

Dans cette section, nous explorons l'importance cruciale des alliances et des oppositions politiques pour le Rassemblement National (RN) dans un paysage politique en constante évolution. La capacité du RN à naviguer habilement dans le spectre politique dépend en grande partie de sa faculté à établir des alliances stratégiques tout en faisant face à des oppositions résolues.

Les alliances politiques offrent au RN la possibilité d'étendre son influence, de renforcer sa légitimité et, dans le meilleur des cas, de participer activement à la prise de décisions politiques à divers niveaux. Cependant, le choix des partenaires d'alliance peut s'avérer complexe, car il nécessite une évaluation minutieuse des objectifs communs, des valeurs partagées et des compromis éventuels. De plus, le RN doit également maintenir une ligne claire par rapport aux partis extrémistes ou controversés qui pourraient compromettre son image publique et ainsi être préjudiciable à sa crédibilité.

D'autre part, les oppositions politiques constituent un défi constant pour le RN. La résistance idéologique, la diffamation médiatique et les efforts visant à marginaliser le parti requièrent une solide stratégie de contrepoids. Ainsi, le RN doit faire preuve de perspicacité pour contrer efficacement ces oppositions tout en préservant l'intégrité de ses principes fondamentaux.

Naviguer dans le spectre politique implique également une compréhension fine des dynamiques interpartis, des alliances changeantes et des rivalités persistantes. En développant une approche équilibrée et coopérative, le RN peut espérer consolider sa position dans le paysage politique français tout en œuvrant à une représentation substantielle de ses perspectives politiques et idéologiques.

En fin de compte, la capacité du RN à naviguer avec succès dans ce domaine crucial non seulement déterminera son impact futur, mais également influencera le cours de la politique nationale. À cet égard, établir des relations constructives avec des partenaires politiques tout en gérant adroitement les oppositions constitue un pilier essentiel de la stratégie globale du RN pour l'avenir.

Vision à long terme: Préparer le RN pour les futures échéances

Dans la perspective des futures échéances politiques, le Rassemblement National doit adopter une vision stratégique et des objectifs clairs afin de consolider sa position et d'assurer sa pérennité dans le paysage politique français. La nécessité de se projeter au-delà des circonstances immédiates implique une analyse profonde des tendances sociopolitiques et une prise en compte des défis émergents. Tout d'abord, s'attarder sur la question de popularité et assurer une représentation efficace des préoccupations populaires est essentiel. Le RN devra également se concentrer sur l'établissement de partenariats stratégiques et l'expansion de son influence au sein du spectre politique, tout en maintenant une cohérence idéologique. La capacité à attirer de nouveaux électeurs, en particulier parmi les jeunes générations, en offrant une vision attractive de l'avenir sera cruciale. En outre, l'adaptation aux évolutions économiques, sociales et technologiques est indispensable pour rester pertinent et influent. Ainsi, investir dans la communication moderne et intégrer les préoccupations écologiques sera un atout majeur. Parallèlement, maintenir une relation de confiance avec les électeurs traditionnels constituera un défi permanent. Par ailleurs, le RN devra trouver un équilibre délicat entre la consolidation de son identité politique et l'ouverture à de nouvelles idées et propositions. Enfin, l'anticipation des évolutions démographiques et des changements socioculturels permettra au parti de formuler des politiques adaptées pour répondre aux besoins diversifiés de la société française. En somme, la vision à long terme du Rassemblement National implique une combinaison habile de leadership fort, de stratégie flexible et d'engagement continu envers les valeurs fondamentales du parti.

Vers une France unie : cheminements possibles

les voies de l'unité

L'unité nationale est un enjeu crucial pour une société en quête d'harmonie et de progrès. L'approche vers cette unité doit être appréhendée sous des prismes politiques, sociaux et culturels distincts mais complémentaires. D'un point de vue politique, la recherche de l'unité implique une vision inclusive, où chaque citoyen se sent représenté et écouté, tout en préservant la diversité des idées et des opinions. Les politiques publiques doivent viser à réduire les inégalités sociales et territoriales, créant ainsi un climat propice à la cohésion. Sur le plan social, les fractures qui divisent la population française doivent être identifiées et comprises afin de trouver des solutions adaptées et durables. La lutte contre la précarité, l'exclusion et la discrimination est essentielle pour bâtir une nation unie. En outre, le dialogue interculturel et interreligieux joue un rôle clé, favorisant la compréhension mutuelle et la tolérance au sein de la société. Cet échange de valeurs et de traditions contribue à renforcer le tissu social et à promouvoir l'unité.

Finalement, le cheminement vers l'unité nationale passe par l'éducation. Il est primordial d'investir dans un système éducatif qui valorise la diversité, encourage la pensée critique et transmette les valeurs de solidarité, de respect et d'engagement citoyen. En sensibilisant les jeunes générations à la richesse de la pluralité et en leur offrant des perspectives égales, l'école peut forger les futurs artisans de l'unité nationale. Ainsi, l'unité nationale se construit sur des voies complexes, mais non moins essentielles, qui s'interpénètrent pour former un tableau global de la cohésion sociale et nationale.

Analyse des fractures sociales et régionales

La France est confrontée à une mosaïque complexe de fractures sociales et régionales, qui entravent sa quête d'unité nationale. Ces fissures se manifestent à travers divers indicateurs tels que le taux de chômage, l'accès aux services publics, la représentation politique, et la perception du bien-être économique. En analysant ces divisions, nous pouvons mieux appréhender les dynamiques sous-jacentes qui aliènent certains segments de la population et créent des tensions au sein de la société française. Les disparités économiques entre les régions, souvent accentuées par un déséquilibre dans les opportunités d'emploi et d'accès à l'éducation, contribuent à nourrir un sentiment d'injustice et de marginalisation. De même, les clivages sociaux liés à la diversité culturelle et ethnique persistent, impactant les interactions intercommunautaires et la confiance dans l'État et ses institutions. Il est indispensable d'adopter une approche holistique pour comprendre ces fractures, en prenant en compte à la fois les facteurs historiques, économiques et socioculturels qui ont façonné ces réalités contemporaines. En reconnaissant l'existence de telles fractures, la France peut potentiellement élaborer des stratégies inclusives visant à atténuer ces écarts et à créer un terrain commun propice à la cohésion nationale. Cela nécessitera un engagement ferme à combler les fossés géographiques et socio-économiques, ainsi qu'à promouvoir un dialogue constructif entre les différentes strates de la société. En somme, une analyse approfondie des fractures sociales et régionales représente un préalable nécessaire pour tracer les voies menant vers une France unie et équilibrée, où chaque individu se sent concerné par un idéal commun et a l'opportunité de contribuer à son tissu social dans un esprit de solidarité et de partage.

Le rôle de l'éducation dans la cohésion nationale

L'éducation joue un rôle primordial dans la construction d'une société cohésive et équilibrée. Elle est bien plus qu'un simple processus d'acquisition de connaissances ; c'est le terreau sur lequel se bâtissent les valeurs, les normes sociales et la compréhension mutuelle. En effet, c'est à travers l'éducation que se transmettent les principes fondamentaux de la démocratie, de la tolérance et du respect. En cultivant ces valeurs dès le plus jeune âge, l'éducation contribue à façonner des citoyens conscients de leur rôle dans la société et soucieux du bien-être collectif.

Pour favoriser la cohésion nationale, il convient de repenser l'éducation dans une perspective inclusive et égalitaire. Cela implique non seulement de garantir un accès équitable à l'éducation de qualité sur l'ensemble du territoire, mais aussi de promouvoir une pédagogie axée sur le vivre-ensemble et la diversité. Les programmes scolaires doivent refléter la pluralité culturelle de la société française, permettant ainsi aux élèves de mieux comprendre et apprécier la richesse de cette diversité.

Par ailleurs, les institutions éducatives ont un rôle essentiel à jouer dans la promotion du dialogue interculturel et la prévention des discriminations. En encourageant les échanges interculturels, en intégrant des contenus éducatifs sur l'histoire et les traditions de différents groupes sociaux, et en sensibilisant les élèves aux questions de justice sociale, l'éducation peut devenir un levier puissant pour renforcer le tissu social et combattre les préjugés.

En outre, il est indispensable d'investir dans la formation des enseignants afin de les outiller pour aborder ces thématiques de manière appropriée et constructive. Des initiatives telles que la formation continue sur les enjeux de la diversité, l'inclusion et la lutte contre les discriminations peuvent permettre aux enseignants de jouer un rôle actif dans la construction d'une société plus solidaire et harmonieuse.

En somme, le rôle de l'éducation dans la cohésion nationale est incontestable. En lui accordant une place centrale dans nos réflexions et nos actions, nous pouvons nourrir l'espoir d'une France unie, où chaque individu se sent pleinement reconnu et respecté, contribuant ainsi à la construction d'un avenir commun prospère et serein.

Les politiques d'intégration: défis et opportunités

Les politiques d'intégration jouent un rôle crucial dans la quête de l'unité au sein de la nation française. Elles font face à une série de défis complexes, mais offrent également des opportunités précieuses pour renforcer la cohésion sociale. L'intégration des populations immigrées et issues de la diversité culturelle est un sujet primordial dans la construction d'une France unie et harmonieuse.

L'un des principaux défis réside dans la nécessité de concilier l'assimilation culturelle avec le respect et la préservation des identités individuelles. Les politiques d'intégration doivent favoriser l'inclusion sans imposer l'uniformité, promouvoir l'apprentissage de la langue française tout en valorisant la richesse des cultures d'origine. Trouver cet équilibre délicat exige une approche nuancée et inclusive, axée sur le respect mutuel et la compréhension des différences.

Un autre défi majeur consiste à faciliter l'accès équitable aux opportunités socio-économiques pour tous les citoyens, indépendamment de leurs origines. Les politiques d'intégration devraient viser à éliminer les barrières structurelles et à promouvoir l'égalité des chances, permettant ainsi à chacun de contribuer pleinement à la société française. Cela implique des mesures concrètes pour améliorer l'accès à l'éducation, à l'emploi et aux services sociaux, tout en luttant contre la discrimination et les stéréotypes.

Pourtant, au milieu de ces défis, se trouvent des opportunités précieuses. Les politiques d'intégration offrent la possibilité de tisser des liens interculturels solides, encourageant la collaboration et le partage entre les différentes communautés. Elles ouvrent la voie à une France dynamique, enrichie par sa diversité et ses multiples héritages. En investissant dans des programmes d'intégration efficaces, la société française peut aspirer à devenir un exemple mondial de coexistence pacifique et prospère.

En fin de compte, les politiques d'intégration représentent un pilier essentiel du projet national visant à construire une France unie et inclusive. En abordant de manière proactive les défis et en saisissant les opportunités qui se présentent, la France peut avancer vers un avenir où la diversité est célébrée, la solidarité est renforcée et l'unité nationale devient une réalité palpable.

La participation citoyenne comme pilier de l'unité

La participation citoyenne est un élément essentiel pour favoriser l'unité au sein d'une nation. En France, la diversité culturelle et sociale nécessite une approche inclusive qui encourage activement les citoyens à s'engager dans la sphère publique. Cette participation citoyenne peut revêtir de nombreuses formes, telles que le bénévolat, l'activisme communautaire, la participation politique et la contribution aux processus décisionnels. En promouvant et en facilitant cet engagement, la société française peut aspirer à une plus grande cohésion et solidarité. La participation citoyenne favorise également un sentiment d'appartenance et de responsabilité, renforçant ainsi les liens sociaux et contribuant à réduire les clivages au sein de la communauté. Dans un contexte de mondialisation et de diversité croissante, la participation citoyenne devient un moyen crucial de construire des ponts entre les différentes cultures et de favoriser le respect mutuel. En encourageant les citoyens de tous horizons à contribuer activement à façonner l'avenir de la nation, la France peut établir une base solide pour une société unie et harmonieuse. Toutefois, il convient de reconnaître les obstacles potentiels à la participation citoyenne, tels que la marginalisation de certains groupes socio-économiques, la désillusion à l'égard du système politique et les barrières linguistiques et culturelles. Un effort stratégique doit être déployé pour surmonter ces obstacles, en garantissant l'accès égal à la participation citoyenne et en encourageant la diversité de voix et de perspectives. Les initiatives visant à renforcer la participation citoyenne doivent être inclusives et accessibles à tous, en tenant compte des besoins spécifiques de chaque individu et groupe. Les institutions publiques, les organisations communautaires et les leaders politiques ont un rôle crucial à jouer dans la promotion de la participation citoyenne, en facilitant et en valorisant l'engagement des citoyens. En fin de compte, la participation citoyenne peut devenir un véritable pilier de l'unité en France, offrant à chacun la possibilité de contribuer positivement à la construction d'une société plus juste, harmonieuse et prospère.

Le dialogue interculturel: vers un respect mutuel

Le dialogue interculturel occupe une place cruciale dans la construction d'une société harmonieuse et inclusive. Dans une France plurielle, caractérisée par sa diversité ethnoculturelle, il est impératif de favoriser les échanges et la compréhension mutuelle entre les différentes communautés. Le respect des différences et la valorisation de la richesse culturelle de chaque groupe constituent les fondements d'un dialogue interculturel fructueux.

Pour atteindre cet objectif, il est essentiel de promouvoir des initiatives visant à encourager les interactions interculturelles au sein de la société. Les espaces de rencontre, tels que les événements culturels, les festivals et les activités intercommunautaires, offrent des opportunités précieuses pour favoriser la découverte et l'appréciation des traditions et pratiques de chacun. De plus, le soutien aux programmes d'échange et de partenariat interculturels, tant au niveau local que national, contribue à renforcer les liens entre les individus et les groupes issus de milieux différents.

Le dialogue interculturel repose également sur l'éducation et la sensibilisation. Il est primordial d'intégrer des contenus éducatifs axés sur la diversité culturelle et l'histoire commune dans les programmes scolaires. La promotion de la tolérance, du respect et de l'ouverture d'esprit dès le plus jeune âge favorise la construction de relations interpersonnelles saines et enrichissantes. De même, la sensibilisation des médias, de la classe politique et des acteurs sociaux à l'importance du dialogue interculturel permet de promouvoir une vision inclusive de la société, fondée sur le respect mutuel.

En outre, le dialogue interculturel requiert la reconnaissance des inégalités et des discriminations dont peuvent être victimes certaines communautés. La lutte contre les stéréotypes et les préjugés, ainsi que la mise en place de mesures visant à garantir l'égalité des chances et des droits pour tous, sont des éléments essentiels de cette démarche. La création d'espaces sûrs et inclusifs, où chacun se sent libre d'exprimer sa culture et son identité, favorise l'émergence d'un climat de confiance et de solidarité au sein de la société.

En somme, le dialogue interculturel constitue un processus dynamique et continu, fondé sur le respect, la reconnaissance et la valorisation de la diversité. En favorisant les échanges, la coopération et la compréhension mutuelle, il ouvre la voie à la construction d'une France unie, où la diversité est perçue comme une source de force et de richesse collective. Promouvoir le dialogue interculturel, c'est œuvrer pour une société harmonieuse, inclusive et résolument tournée vers l'avenir.

Économie inclusive: réduire les disparités

Une économie inclusive vise à réduire les disparités sociales et économiques au sein d'une société. En France, comme dans de nombreux pays, ces disparités persistent malgré les progrès réalisés. Pour parvenir à une réelle unité nationale, il est essentiel de s'attaquer aux inégalités économiques et d'œuvrer pour une distribution équitable des richesses. Cela nécessite une approche holistique qui englobe à la fois les politiques publiques, les initiatives privées et le soutien communautaire.

Pour démarrer cette transformation, il est crucial d'investir dans l'éducation et la formation professionnelle. En offrant à tous un accès équitable à des opportunités d'apprentissage et de développement de compétences, la société peut renforcer la mobilité sociale et économique. De plus, des programmes de réinsertion professionnelle pour les groupes marginalisés peuvent aider à combler le fossé entre les différents secteurs de la population.

Parallèlement, promouvoir l'entrepreneuriat social et soutenir les petites entreprises locales peut contribuer à dynamiser les économies régionales et à créer des emplois durables. Il est impératif de garantir que les régions défavorisées bénéficient également des investissements et des ressources nécessaires pour stimuler leur développement économique.

En outre, la lutte contre la précarité et l'exclusion sociale requiert des politiques de protection sociale solides. Un filet de sécurité efficace, comprenant des prestations telles que les allocations familiales, le logement abordable et l'accès aux soins de santé, est essentiel pour garantir un niveau de vie décent pour tous les citoyens. Cette dimension sociale est indispensable pour construire une société plus équilibrée et inclusive.

Il est tout aussi important de promouvoir la diversité et l'inclusivité sur les lieux de travail pour favoriser l'égalité des chances et lutter contre les discriminations. Encourager la représentation équilibrée des genres, des minorités ethniques et des personnes handicapées dans les entreprises et les institutions renforce la cohésion sociale et favorise un environnement professionnel inclusif.

En conclusion, une économie inclusive repose sur l'idée fondamentale que la prospérité et la réussite ne devraient pas être réservées à quelques-uns, mais plutôt accessibles à tous. En adoptant une approche multisectorielle, en investissant dans l'éducation, en soutenant l'entrepreneuriat local et en renforçant les filets de sécurité sociaux, la France peut aspirer à réduire les disparités économiques et à construire une société davantage unifiée et équitable.

Le pouvoir des médias dans la perception de l'unité

Les médias jouent un rôle crucial dans la construction et la promotion de l'unité nationale. Leur influence s'étend à travers les différentes strates de la société, façonnant les perceptions individuelles et collectives. Toutefois, cette influence peut être à double tranchant, car elle peut également exacerber les divisions et renforcer les préjugés. Ainsi, il est impératif d'examiner de près le pouvoir des médias et leurs implications dans la quête de l'unité. Les médias traditionnels tels que la presse écrite, la télévision et la radio demeurent des acteurs majeurs dans la diffusion de l'information. Leur capacité à atteindre un large public leur confère une responsabilité considérable dans la représentation pluraliste de la société. Cependant, la consolidation de grands conglomérats médiatiques soulève des préoccupations quant à la diversité et l'objectivité de l'information diffusée. Par conséquent, les réglementations visant à assurer un paysage médiatique équilibré et représentatif de la diversité culturelle et sociale sont essentielles. Parallèlement, l'avènement des plateformes numériques a révolutionné la manière dont l'information est produite, distribuée et consommée. Les réseaux sociaux, les blogs et les sites d'agrégation offrent une tribune démocratisée pour l'expression et la circulation des idées. Néanmoins, cette liberté a engendré des défis majeurs liés à la véracité, à la mise en contexte et à la propagation de la désinformation. L'éducation aux médias apparaît donc comme un levier essentiel pour développer un esprit critique et discernant chez les citoyens. Dans cette optique, les médias eux-mêmes ont un rôle important à jouer en promouvant une information équilibrée, faisant preuve de transparence quant à leurs sources et méthodes de production, et en encourageant le dialogue et la diversité des opinions. En outre, ils peuvent contribuer à donner voix à l'ensemble des composantes de la société, y compris les minorités souvent sous-représentées. En conclusion, le pouvoir des médias est indéniable dans la perception de l'unité. Il revient à la fois aux acteurs médiatiques, aux régulateurs et à la société civile de travailler ensemble pour garantir que ce pouvoir soit exercé de manière éthique, équitable et constructive, favorisant ainsi une vision inclusive de l'identité nationale.

Propositions législatives pour un avenir commun

Les enjeux de l'unité nationale nécessitent des mesures législatives solides et réfléchies afin de garantir un avenir commun prospère pour la France. En premier lieu, il est impératif de renforcer les lois concernant la lutte contre les discriminations en mettant en place des sanctions dissuasives pour toute forme de discrimination, qu'elle soit basée sur l'origine, la religion, le genre ou d'autres critères. La sensibilisation et la formation des agents publics à ces questions doivent également être intégrées dans le cadre législatif.

Parallèlement, des réformes profondes au niveau de la politique d'immigration sont indispensables. Il est nécessaire de définir clairement les droits et les devoirs des immigrés et de favoriser leur intégration par des mesures concrètes telles que l'accès à l'apprentissage de la langue française et à la formation professionnelle. Dans cette optique, des dispositifs législatifs visant à faciliter l'obtention de la nationalité française pour les personnes établies depuis de nombreuses années en France pourront être envisagés.

Par ailleurs, pour favoriser la cohésion sociale et territoriale, des politiques publiques ambitieuses doivent être mises en œuvre pour réduire les inégalités et promouvoir le vivre-ensemble. Cela pourrait passer par des mesures permettant une plus grande mixité sociale dans le logement, ou encore par des incitations fiscales pour les entreprises favorisant la diversité dans leurs effectifs.

En outre, la participation citoyenne doit être encouragée par des réformes démocratiques audacieuses. Des mécanismes législatifs tels que l'instauration du référendum d'initiative citoyenne ou la promotion d'une représentation politique plus diversifiée pourraient renforcer le sentiment d'appartenance à une même communauté nationale.

Enfin, pour assurer un avenir commun solide, il convient de s'attaquer aux racines des tensions et conflits interculturels en favorisant le dialogue interreligieux et en encourageant la mise en place d'espaces de rencontre et d'échange entre les différentes communautés. Des dispositifs législatifs favorisant le financement et la reconnaissance des initiatives locales visant à promouvoir le vivre-ensemble pourront ainsi être élaborés.

Ces propositions législatives sont essentielles pour poser les jalons d'une France unie et harmonieuse, où chacun se sent pleinement acteur de sa destinée collective.

Conclusion: Les étapes pratiques vers une France unie

La réalisation d'une France unie et cohérente repose sur un ensemble d'étapes pratiques susceptibles de favoriser l'unité nationale. Premièrement, il est impératif de reconnaître et de résoudre les inégalités sociales et territoriales qui contribuent aux divisions au sein de la société française. Cela pourrait impliquer des politiques ciblées visant à réduire les disparités économiques et à promouvoir le développement équilibré de toutes les régions. De plus, l'éducation joue un rôle crucial dans la promotion de l'unité nationale. En investissant dans des programmes éducatifs inclusifs et en valorisant la diversité culturelle, la France peut former des citoyens ouverts d'esprit et conscients de leur héritage commun. Parallèlement, des politiques d'intégration efficaces doivent être mises en œuvre pour favoriser l'inclusion de tous les citoyens, indépendamment de leur origine ou de leur religion. Cela nécessite un dialogue constructif avec les différentes communautés et la création de ponts interculturels solides. La participation citoyenne revêt également une importance capitale. En encourageant la contribution de tous les membres de la société à la prise de décision politique et civique, la France peut renforcer son tissu social et consolider son union. De plus, les médias ont un rôle significatif dans la construction de l'identité nationale et il est essentiel qu'ils reflètent la diversité de la population française de manière respectueuse et non discriminatoire. Enfin, l'adoption de législations progressistes et inclusives peut créer un environnement juridique propice à l'épanouissement de tous. En somme, le chemin vers une France unie passe par des actions délibérées visant à instaurer l'égalité, à encourager la diversité, à favoriser l'inclusion et à renforcer le sentiment d'appartenance à une communauté commune.

www.ingramcontent.com/pod-product-compliance
Lightning Source LLC
Chambersburg PA
CBHW051539020426
42333CB00016B/2010